Udo Tietz   **Heidegger**

Martin Heidegger (1889–1976) ist zweifellos einer der bekanntesten und einflußreichsten Philosophen – nicht nur des 20. Jahrhunderts. Seine Philosophie und die damit verbundene Begrifflichkeit wirken auf die einen faszinierend, auf die anderen abschreckend. Einigkeit herrscht bei seinen Anhängern wie bei seinen Gegnern darüber, daß sie nicht unmittelbar verständlich sind.

Udo Tietz erörtert in dieser Einführung das Werk dieses umstrittenen Denkers mit Blick auf die Frage, inwieweit wir heute noch von den Heideggerschen Problemstellungen betroffen sind. Im Mittelpunkt steht dabei *Sein und Zeit*, Heideggers Hauptwerk, aber auch die Früh- und Spätschriften werden vorgestellt und erläutert.

Udo Tietz, geboren 1953, Autor und Publizist, Vertretungsprofessuren in Berlin, Leipzig und Marburg, lehrt Philosophie an der Humboldt-Universität zu Berlin.

Grundwissen Philosophie

Heidegger

von

Udo Tietz

Reclam

2., durchgesehene und erweiterte Auflage

RECLAM TASCHENBUCH Nr. 20306
Alle Rechte vorbehalten
© 2005, 2013 Philipp Reclam jun. GmbH & Co. KG, Stuttgart
Reihengestaltung Grundwissen Philosophie:
Gabriele Burde
Umschlagabbildung hinten: © privat
Satz, Druck und Bindung: Reclam, Ditzingen
Printed in Germany 2013
RECLAM ist eine eingetragene Marke
der Philipp Reclam jun. GmbH & Co. KG, Stuttgart
ISBN 978-3-15-020306-4

Auch als E-Book erhältlich

www.reclam.de

Inhalt

Einleitung

> »Jede philosophische Problematik hat etwas im Rücken,
> das sie selbst und trotz ihrer höchsten Durchsichtigkeit
> nicht erreicht, denn die Durchsichtigkeit hat sie gerade
> daher, daß sie um jene Voraussetzung nicht weiß.«
>
> *Martin Heidegger*

Heidegger zählt zu den Denkern, die den philosophischen
Diskurs der Moderne im 20. Jahrhundert entschieden ge-
prägt haben. Wie wenige vor ihm hat er unser abendländi-
sches Selbstverständnis einer grundlegenden Revision unterziehen wollen, die auch noch die Grundlagen eines Denkens
betrifft, das sich auf das neuzeitliche Prinzip der Subjektivität und das damit verbundene Seinsverständnis gründet.
Heidegger geht es um einen anderen Anfang, um einen Anfang, der nicht mehr den Menschen samt seiner verabsolu-
tierten Zweckrationalität der »Durchrechnung alles Handelns
und Planens« in den Mittelpunkt der Betrachtung stellt, sondern um einen Anfang, der auf dem Weg einer intern ansetzenden Überwindung der Metaphysik dieses Seinsverständnis überschreitet. Und insofern im Abendland die Metaphysik
der Ort ist, an dem sich dieses Seinsverständnis artikuliert,
zielt Heidegger nicht nur auf eine philosophische Revision
des abendländischen Selbstverständnisses, sondern gleichzeitig auf eine Revision der gesamten Metaphysik.
Es besteht kein Zweifel: Heidegger geht es um die Eröffnung
neuer Denkhorizonte, die jenseits des vergegenständlichen-
den Denkens der traditionellen Metaphysik liegen, von der er
meint, daß sie das abendländische Denken gefangenhält. Er
stieß dabei jedoch auch an Grenzen, die er nicht zu überschreiten vermochte. Genau hier liegen die Schwierigkeiten
einer angemessenen Rezeption. Denn angemessen kann kei-

ne Rezeption sein, die einzelne Begriffe, Thesen und Einsichten aus ihrem Zusammenhang heraushebt oder aber die Denkweise von Heidegger nur imitiert – einer der wohl unsympathischsten Züge der »Verehrung« eines Philosophen, der nur Verachtung für eine derartige Verehrung übrig gehabt hätte. Eine produktive Rezeption kann nur indirekter Art sein, wobei sich zweierlei zeigen müßte: erstens, inwieweit wir noch heute von den Fragen betroffen sind, die Heidegger umtrieben, und zweitens, wie sich einzelne Intentionen und Motive Heideggers retten lassen, ohne daß wir uns damit auf Prämissen verpflichten, die sich unter den Bedingungen eines Denkens *nach* Heidegger nicht mehr vertreten lassen.

Die Frühschriften

Im Vorwort zu den *Frühen Schriften* stellt Heidegger 1972 fest: »Zur Zeit der Niederschrift der vorliegenden, im wörtlichen Sinne hilf-losen frühen Versuche, wußte ich noch nichts von dem, was später mein Denken bedrängte. Gleichwohl zeigen sie einen mir damals noch verschlossenen Wegbeginn: in Gestalt des Kategorienproblems die *Seins*-frage, die Frage nach der *Sprache* in der Form der Bedeutungslehre. Die Zusammengehörigkeit beider Fragen blieb im Dunkel. Die unvermeidliche Abhängigkeit ihrer Behandlungsart von der herrschenden Maßgabe der Lehre vom *Urteil* für alle Onto-Logik ließ das Dunkel nicht einmal ahnen.« (GA 1, 55) Nimmt man diese Feststellung ernst, dann deuten sich in Heideggers »hilf-losen frühen Versuchen« die zwei zentralen Themen seines Denkens an: die Seinsfrage und die Frage nach der Sprache. Beide Fragen haben ihn zeit seines Lebens beschäftigt.

Bei den hier angesprochenen Versuchen handelt es sich um Heideggers Dissertation *Zur Lehre vom Urteil im Psychologismus* aus dem Jahr 1913 und um seine Habilitation zur *Kategorien und Bedeutungslehre des Duns Scotus* von 1915, die Heidegger Heinrich Rickert (1863-1936), dem damaligen Haupt des südwestdeutschen Neukantianismus, »in dankbarster Verehrung« widmet. Rickert, der auch schon der Zweitgutachter der Dissertation war, übte einen überaus starken Einfluß auf den frühen Heidegger aus, insofern dieser zusammen mit Emil Lask (1875-1915) und Edmund Husserl (1859-1938), dem Begründer der Phänomenologie, in Frontstellung zum Psychologismus das Urteil als »psychischen Vorgang des Zusammentreffens verschiedener Vorstellungen« gegenüber dem »Vorstellungsinhalt« im Sinne des »Urteilssinns« abgehoben hat – womit der Weg in Richtung einer antipsychologistischen und damit antirelativistischen Logik-begründung frei schien.

Auch Heidegger geht es in seinen beiden Qualifikationsarbei-ten um solch eine antipsychologistische Logikbegründung, wobei sich das maßgebliche Argument aus der Unterschei-dung von »Urteilssinn« und »Urteilsvollzug« ergeben soll. Heidegger entnimmt den beiden bedeutendsten antipsycho-logistischen Denkbewegungen am Anfang des 20. Jahrhun-derts, der neukantianischen Geltungsphilosophie und der Phänomenologie, aber nicht nur seine Argumente gegen den Psychologismus, sondern auch seine Argumente zum »We-sen des Urteils«. Und dies ist kein Zufall. Heideggers Interesse am Urteil ist gut begründet. Er wählt die »*Lehre vom Urteil* [...], weil sich am Urteil, das mit Recht als ›Zelle‹, d. h. als Ur-element der Logik, betrachtet wird, am schärfsten der Unter-schied zwischen Psychischem und Logischem herausstellen lassen muß, weil vom Urteil aus der eigentliche Aufbau der Logik sich zu vollziehen hat« (GA 1, 64).

Wie immer man das komplizierte Spannungsverhältnis von Geltungsphilosophie und Phänomenologie im Frühwerk von Heidegger einschätzen mag, sicher ist, daß Heidegger es sei-nerzeit Rickert, Lask und Husserl als Verdienst anrechnete, das Urteil vom »Vorstellungsinhalt« im Sinne des »Urteils-sinns« abgegrenzt zu haben, womit Rickert, Lask und Husserl »den psychologischen Bann eigentlich gebrochen« haben. Auch Heideggers Antipsychologismus ist durch diese Unter-scheidung von »Urteilssinn« und »Urteilsvollzug« charakte-risiert.

Antipsychologismus: Urteilssinn und Urteilsvollzug

Heideggers Strategie, den Psychologismus zu widerlegen, be-steht aus zwei Teilschritten: In einem ersten Schritt attackiert er die Konsequenzen, die sich aus den Versuchen ergeben, die Logik psychologistisch zu fundieren, um dann in einem zweiten Schritt mittels ebendieser Unterscheidung die Voraussetzungen des Psychologismus in Frage zu stellen.

Die Quintessenz seiner Psychologismuskritik besteht in der Feststellung, daß die »verschiedenen Urteilslehren in der allgemeinen Auffassung des Urteils« darin einig sind, daß »das Urteil [...] ein psychischer Vorgang« sei, der »sich in den Zusammenhang der psychischen Wirklichkeit einordnet« (GA 1, 116 f.). Genau hierin sieht Heidegger den Grundfehler der bekämpften Position. »Die *Ableitung des Urteils aus der Grundeigenschaft der apperzeptiven Geistestätigkeit [...] ist Psychologismus*« (GA 1, 162), was insofern auch plausibel ist, als wir die Wahrheit oder Falschheit unserer Urteile ganz offensichtlich nicht von dem einwandfreien Funktionieren unseres Bewußtseins abhängig machen. Wenn wir fälschlicherweise von einem roten Tisch sagen, er sei blau, dann erklären wir diesen Fehler mit Rekurs auf eine Wahrnehmungstäuschung oder damit, daß wir die Farbprädikate »rot« und »blau« verwechselt haben, nicht aber damit, daß wir sagen, unser Bewußtsein hat gerade nicht richtig gearbeitet.

Der Gehalt unserer Überzeugungen, Heidegger spricht hier durchweg von Urteilen, läßt sich nicht aus der »apperzeptiven Geistestätigkeit« ableiten. »*Die Problematik des Urteils liegt nicht im Psychischen.*« (GA 1, 164) Zudem kollidiert die psychologistische Fundierung der Logik mit ihrem normativen Charakter, weshalb solch eine Position abzulehnen sei. Denn wenn sich die Logik mit der Normierung des Denkens befaßt, dann kann die normierende Kraft nicht in einem empirischen Sinn verstanden werden. Für Heidegger ist früh schon klar, daß sich der Psychologismus mit »seinen relativistischen Konsequenzen« selbst widerlegt. Gleichwohl meint er, daß mit der Feststellung seiner relativistischen Konsequenzen in positiver Hinsicht wenig ausgemacht sei. (GA 1, 165)

Heidegger greift also den Psychologismus als Relativismus mit einem Selbstwiderlegungsargument an und fragt dann, worin die Alternative zu dieser selbstwidersprüchlichen Position besteht. Und diese Alternative sieht er durch die Geltungsphilosophie vorgezeichnet, insofern hier »*die Wirklichkeitsform des im Urteilsvorgang aufgedeckten identischen Faktors*« als *geltender Sinn* bestimmt wird. Heidegger orientiert sich mit der Unterscheidung von Urteilssinn und Urteilsvollzug, von logischem Gehalt und psychischen Akten an der Geltungsphilosophie, weil er der Auffassung ist, daß das »in der Zeit verlaufende Denkgeschehen« und der »ideale außerzeitliche identische Sinn« nicht identisch sein können. Nach Heidegger muß man das, »was ›ist‹, von dem, was ›gilt‹«, unterscheiden. Diese Unterscheidung, die für Heidegger eine zwischen dem Faktischen und dem Normativen ist, hat der Psychologismus nicht getroffen und statt dessen das Normative ins Faktische herabgezogen. Genau dies hält Heidegger für einen Fehler. »Die Logik bewegt sich nur in der Sphäre des Sinns«, nicht in der des Faktischen. Es ist das Reich der Geltung, das Heidegger für das Logische reserviert, ein Reich, welches der Psychologismus nicht kennt, weil er »die logische ›Wirklichkeit‹« nicht kennt, wobei Heidegger meint, daß dieses Reich nicht nur gegen das Psychische, sondern auch gegen das Metaphysische abzugrenzen sei. Er will den Relativismus nicht um den Preis eines Rückfalls in eine unkritische Metaphysik überwinden, sondern auf dem kritischen Weg.

Für Heideggers antipsychologistische Logikfundierung ist somit erstens die Unterscheidung von »Urteilssinn« und »Urteilsvollzug« und zweitens die Unterscheidung von »Sein« und »Gelten« charakteristisch. Doch was ist das: »Sinn«? Auch Heidegger stellt sich diese Frage: »Hat es überhaupt Sinn, danach zu fragen? Wenn wir den Sinn des Sinnes suchen, müssen wir doch wissen, was wir suchen, eben den Sinn. Die Frage nach dem Sinn ist nicht sinnlos.« (GA 1, 170) Diese Frage ist nicht trivial. Denn von der Art und Weise ihrer Beantwortung hängt nicht nur die Plausibilität von Heideggers früher Psychologismuskritik ab, es werden zugleich die Weichen für spätere Entwicklungen gestellt.

Wie beantwortet er nun die Frage nach dem Sinn? »Sinn steht im engen Zusammenhang mit dem, was wir ganz allgemein mit Denken bezeichnen, wobei wir unter Denken nicht den weiten Begriff Vorstellen verstehen, sondern Denken, das richtig oder unrichtig, wahr oder falsch sein kann [...]. Die Wirklichkeitsform des Sinnes ist das Gelten.« (GA 1, 172) Der Sinn ist es, der gilt. Er »verkörpert« das Logische. Denn der Sinn ist der »*Inhalt, die logische Seite des Urteils*«, oder, wie Heidegger auch sagt: »*Das Urteil der Logik ist Sinn.*« (GA 1, 172)

Bemerkenswert an dieser Antwort ist zum einen, daß der Sinnbegriff nicht mit Bezug auf die Sprache eingeführt wird, was insofern naheläge, als es sich bei Urteilen um einen sprachlich zugänglichen Sinn handelt, sondern mit Bezug auf das »Denken«, also innerhalb eines *mentalistischen Paradigmas*; und zum anderen, daß Heidegger behauptet: der Sinn *gilt*. Ebendiese Rede von einem Sinn, der gilt, ist keineswegs eindeutig. Eindeutig ist lediglich, daß Heidegger den Wahrheitsanspruch als einen Geltungsanspruch versteht. Denn das Wahre ist für ihn das Geltende selbst. Vergleichen wir aber die Prädikatausdrücke »... ist wahr« und »... gilt«, dann stellen wir fest, daß ein Wahrheitsanspruch kein Geltungsanspruch ist, da »gelten« in aller Regel in dreistelligen Prädikaten vorkommt, wobei wir zwei paradigmatische Fälle unterscheiden können: »X gilt für jemanden *als* Y« und »X gilt für jemanden *für* etwas«.

Nun untersteht die Wahrheitsfrage allerdings keiner solchen normativen Beziehung. Der Anspruch, den wir mit einem konstatierenden Sprechakt erheben, ist lediglich der, daß das, was wir sagen, wahr ist. Daher ist es »*nichtssagend*, den Wahrheitsanspruch einen Geltungsanspruch zu nennen, weil das, was da als Geltung beansprucht wird, nichts anderes als die Wahrheit selbst ist, oder es ist *irreführend*, weil der Anspruch ›p ist wahr‹ und der Anspruch ›p gilt‹ schon aus semantischen Gründen nicht miteinander identisch sein können. Wahrheitsfragen sind keine Geltungsfragen in dem Sinn, daß man in allen Kontexten das Prädikat ›... ist wahr‹ durch das Prädikat ›... gilt ...‹ ersetzen könnte.«[1]

Um den Relativismus in der Urteilstheorie abzuwehren, greift Heidegger also – in Reaktion auf den Psychologismus – zuerst das Wahrheitsproblem auf der Ebene der Erkenntnis auf und leitet damit den Übergang von der deskriptiven zur normativen Rede ein, der dann mit dem Terminus »gelten« effektiv vollzogen wird. Nachdem auf diese Weise die objektive Geltung von den Relativierungen des Urteilsvorgangs abgezogen wurde, behauptet er nun, daß das »Gelten dieses von jenem [...] der logische Begriff der Kopula« besagt, die die »Relation zwischen Gegenstand und bestimmendem Bedeutungsgehalt« repräsentieren soll und daher als ein »*notwendiger dritter* Bestandteil des Urteils« (GA 1, 178) aufgefaßt werden muß. Im Bestreben, die Gebietsfremdheit von Logik und Grammatik darzutun, wird so die Kopula, also das grammatische Bindeglied zwischen Subjekt und Prädikat, »das wesentlichste und eigentümlichste Element im Urteil«. Denn sie repräsentiert das Logische überhaupt, »sofern dessen Wirklichkeitsform gerade das Gelten ist«. Und so meint Heidegger nun behaupten zu können: »Aus der bestehenden Zweigliedrigkeit folgt analytisch, daß die Kopula ein *notwendiger dritter* Bestandteil des Urteils sein muß.« (GA 1, 178)

Mit dieser Interpretation der Kopula als dritter Bestandteil des Urteils glaubt Heidegger die »Frage nach dem ›Sinn des Seins‹ im Urteil erledigt« zu haben. Die Schlußfolgerung, daß die Kopula als *vermittelnde Mitte* zwischen den Relaten die Vermittlung leistet, wäre jedoch nur zwingend, wenn man bereits akzeptiert, was erst noch zu zeigen wäre: daß das Urteil im Sinne der Gegenstandstheorie als eine Verbindung des Subjekts mit dem Prädikat gedacht werden muß. Wenn man jedoch das Urteil als »Relation« vorstellt und die Kopula als jenes »wesentlichste [...] Element im Urteil« interpretiert, das eine »Relation vor den Gliedern« darstellt, dann wird nicht nur deutlich, daß der Wahrheitsanspruch fälschlicherweise als ein Geltungsanspruch verstanden werden muß, insofern die Kopula das logische »gilt« repräsentieren soll, sondern auch, daß Heideggers Antipsychologismus erkauft wird mit einer Idealisierung der Geltung und der Bedeutung, die sich zu den Urteilen wie Platons (427–347 v. Chr.) Ideen zu ihren irdischen Manifestationen verhält.

Dies zeigt sich, wenn wir Heideggers Beispiel des prädikativen Satzes betrachten. Das »Urteil: ›Der Einband ist gelb‹ hat den Sinn: Gelbsein des Einbandes gilt. Dieser Sinn läßt sich genauer so ausdrücken: Vom Einband gilt das Gelbsein.« (GA 1, 175) Doch was besagt eigentlich: »Vom Einband gilt das Gelbsein«? Klar ist, daß der Übergang von »Der Einband ist gelb« zu »Vom Einband gilt das Gelbsein« eine Veränderung des Ausdrucks mit sich bringt. Die Form des Ausdrucks hat sich in der Weise verändert, daß das Prädikat »ist gelb« durch eine Nominalisierung in den singulären Terminus »das Gelbsein« verwandelt wurde.

Nun läßt sich aber nicht nur zeigen, daß die nominalisierte Form semantisch sekundär ist gegenüber der prädikativen Form, sondern auch, daß Heidegger dadurch, daß er die semantische Dimension überhaupt nicht wahrnimmt, die Bedeutung des Prädikates durch dessen Vergegenständlichung als einen *selbständigen Gegenstand* auffassen muß, auf den referierend Bezug genommen wird, so daß die Prädikation nach dem Modell der Referenz mißdeutet werden muß. Semantisch sekundär ist die nominalisierte Form deshalb, weil der nominalisierte Satz »daß p« nicht mehr, sondern weniger enthält als der ursprüngliche Satz »p«. Denn ihm wurde bei der Transformation in den singulären Terminus sein Behauptungsmoment entzogen.[2] Wenn man nur sagt: »daß es heute regnet«, gibt man im Unterschied zu »heute regnet es« noch nichts zu verstehen, schafft allerdings eine Leerstelle durch den Verzicht auf das Behauptungsmoment. Und die Bedeutung des Prädikats muß Heidegger deshalb als einen selbständigen Gegenstand auffassen, weil das Geltende, das ja gerade nicht mehr im Sinne von Existenz gedacht werden sollte, sich durch die Nominalisierung »das Gelbsein« selbst in ein Existierendes verwandelt[3], so daß Heidegger analog zu Rickert, Lask und Husserl die Bedeutung des Aussagesatzes als einen zusammengesetzten Gegenstand auffassen muß. Zwar sagt Heidegger selbst: »Aus dem Eigenschaftswort ›blau‹ ergibt sich durch *Nominalisierung* ›das Blaue‹ und so in jedem Fall.« (GA 1, 356) Dennoch meint er, daß es zu jedem Ausdruck, also auch für Adjektive wie »blau« oder für Zahlen wie »fünf«, eine besondere Entität gibt, zu der der Ausdruck in der Beziehung der Bezeichnung steht.

Nominalisten – für die die Universalien nur Namen sind und nichts Wirkliches repräsentieren – hatten für solche Vergegenständlichungen von Entitäten nur abfällige Etikettierungen übrig, da dieser Universalienrealismus auf einem simplen Kategorienfehler beruht, der nach Gilbert Ryle (1900– 1976) folgendermaßen funktioniert: So wie es eine mir bekannte Entität gibt, etwa meinen Hund Fido, der auf den Namen »Fido« hört und durch diesen Namen bezeichnet wird, so muß es für jeden sinnvollen Ausdruck eine besondere Entität geben, zu der er in der Beziehung der Bezeichnung steht, eben der durch »Fido«–Fido bezeichneten Realität. Während jedoch »Fido« tatsächlich ein Name ist, behandelt der Universalienrealist auch Ausdrücke als Namen, die überhaupt keine Namen sind, eben Ausdrücke wie »blau« und »fünf«.

Während für den Nominalismus, der in ontologischer Hinsicht als eine Gegenposition zum Universalienrealismus angesehen werden kann, die These charakteristisch ist, daß es keine abstrakten Entitäten gibt, die durch singuläre oder allgemeine Termini bezeichnet werden[4], glaubt Heidegger, daß das Nomen nicht nur einen »Gegenstand überhaupt« oder ein »Wesen« zu bedeuten hat, sondern eben auch, daß dieses Wesen das Universale »repräsentiert«. Damit sind in bedeutungstheoretischer Hinsicht schon in seiner Dissertation und seiner Habilitation die Weichen für eine gegenstandstheoretische Engführung der Sprachphilosophie im allgemeinen und der Prädikations- und Bedeutungstheorie im besonderen gestellt.

Aber auch Heideggers These, daß sich die Urteile in positive und negative einteilen lassen und daß die »Negation *primär* in der Kopula ruht« (GA 1, 183 f.), eine Auffassung, die Heidegger mit Rudolf Hermann Lotze (1817–1881), Rickert, Husserl und den meisten Logikern seiner Zeit teilte[5] – eine These im übrigen, die uns in ontologisch modifizierter Form in Heideggers Freiburger Antrittsvorlesung *Was ist Metaphysik?* wiederbegegnen wird, insofern Heidegger hier behauptet, daß das »Nichts«, also ein unbestimmter singulärer Terminus, der überhaupt erst durch seine Nominalisierung zu einem bestimmten singulären Terminus wird, »ursprünglicher als das Nicht und die Verneinung« (GA 9, 108) ist –, kann in dieser Form nicht richtig sein, da es keine Möglichkeit gibt, die Sätze in bejahende und verneinende einzuteilen. Denn das Prädikat »ist gelb« ist genauso positiv wie das Prädikat »ist nicht gelb«. Folglich unterscheiden sich die beiden Sätze nicht als Behauptungen, sondern lediglich hinsichtlich ihres propositionalen Gehalts. Dies jedoch bedeutet, daß die Negation keine Eigenschaft ist, die einem Urteil an sich zukommt, sondern eine Operation darstellt, die, auf einen Satz angewendet, den entgegengesetzten erzeugt.[6]

Der von Heidegger übersehene Punkt ist, daß der Aussagesatz »Der Einband ist gelb« genauso behauptend ist wie der Aussagesatz »Der Einband ist nicht gelb«. Der zweite Satz negiert nicht den ersten, sondern lediglich das, *was* der erste behauptet – seinen *propositionalen Gehalt*.[7] Der propositionale Gehalt entspricht nun aber genau dem, was in der nominalisierten Form durch »daß p« zum Ausdruck gebracht wird. Wenn also sowohl der Sprecher als auch der Hörer sagen kann: »das ist wahr«, dann sind die Sprechhandlungen, mit denen ein Hörer auf eine Behauptung des Sprechers reagiert, in der gleichen geregelten Weise auf die Äußerungen des Sprechers bezogen wie die Sprechhandlungen eines Sprechers auf die Ja/Nein-Stellungnahmen des Hörers. Dies aber bedeutet, daß es keinen generellen Unterschied und auch kein einseitiges Abhängigkeitsverhältnis »zwischen bejahenden und verneinenden Aussagen gibt; wir können nur sagen, daß die zweite die Verneinung der ersten ist«, so wie die erste die Verneinung der zweiten. Beide Sprechhandlungen beziehen sich offenkundig auf dasselbe: Das, was der eine Sprecher verneint, wird von dem anderen Sprecher bejaht.[8]

Hätte sich Heidegger an der Konfrontation zweier entgegengesetzter Behauptungen orientiert, dann hätte sich zweierlei gezeigt: erstens, daß die Möglichkeit der Verwendung des Wortes »wahr« mit der Erklärung der Verwendung assertorischer, also behauptender Sätze zusammenfällt. Und zweitens, daß das, was Heidegger mit Bezug auf Rickerts Aufsatz *Urteil und Urteilen* »beim Akt der Bejahung« eines »wahren Urteilsgehaltes« den »Ja-Sinn« nennt[9] (beim Akt der Verneinung des unwahren Urteilsgehalts müßten wir dann folglich von einem »Nein-Sinn« sprechen können, obgleich Rickert auch sagt, daß immer dann, wenn dem »gültigen Wertgehalte« kein »Bejahen im Subjektiven« entspricht, »Urteilen logisch sinnlos« sei[10]), der als immanenter Urteils*sinn* dem objektiven Urteils*gehalt* zur Seite steht, sich sprachanalytisch reformuliert als die Stellungnahme eines Hörers rekonstruieren läßt, der zu einem konstatierenden Sprechakt mit »Ja« oder »Nein« Stellung nimmt – und zwar ohne dafür auf einen objektiven Urteilsgehalt jenseits der tatsächlichen Bejahung oder Verneinung rekurrieren zu müssen. Dies setzt allerdings voraus, daß die Kopula nicht in die Negation lanciert und dann auch noch als die vermittelnde Mitte zwischen Subjekt und Prädikat interpretiert wird, die das Geltende repräsentiert. Denn eben mit dieser Interpretation der Kopula stellt Heidegger seine Bedeutungstheorie auf eine Basis, die es erforderlich macht, die Bedeutung des ganzen Satzes aus der Bedeutung seiner Teile zu rekonstruieren. Das Problem besteht jedoch gerade darin, daß sich der prädikative Satz überhaupt nicht als eine solche Relationsaussage verstehen läßt. Allein unter der gegenstandstheoretischen Voraussetzung, daß sich die Kopula vom Prädikat trennen läßt und als unselbständiges, also »synkategorematisches« Verbindungswort fungiert, das die Synthesis repräsentiert, kann es erst als sinnvoll erscheinen, daß das Prädikat für etwas steht und daß sich der Sachverhalt in einer kategorialen Synthesis konstituiert.

Während sich also Heideggers Kritik an den relativistischen Konsequenzen des Psychologismus mittels der Unterscheidung von »Urteilsvollzug« und »Urteilssinn« auch heute noch aufrechterhalten läßt, muß sein Versuch, die Voraussetzungen des Psychologismus durch eine gegenstandstheoretische Urteilstheorie in Frage zu stellen, als gescheitert angesehen werden. Und dies aus zwei Gründen: zum einen, weil die Widerlegung des Psychologismus mit einer falschen Ontologisierung logischer Sachverhalte erkauft wird, so daß Heidegger den Relativismus nur um den Preis des Absolutismus überwinden konnte – was ihm im Verlauf seines »Denkweges« bewußt wird; zum anderen, weil Heidegger eine Voraussetzung mit dem Psychologismus teilt, die Voraussetzung nämlich, daß das Urteil sich einer Synthesis von Subjekt und Prädikat verdankt, wobei der Status der Kopula innerhalb der einzelnen »Urteilslehren« strittig war. Diese Voraussetzung, die sowohl von Psychologisten als auch von Antipsychologisten nie angezweifelt wird, ist deshalb problematisch, weil sie das, was mit ebendieser Voraussetzung aufgeklärt werden soll, nämlich die logische Struktur des Urteils, nicht aufklären kann.

Freilich bleibt die Frage offen, ob es für Heidegger überhaupt eine Alternative zum gegenstandstheoretischen Paradigma gab. Und eine solche gab es in der Tat – und zwar in Gestalt der Arbeiten von Gottlob Frege (1848–1925).[11] Freges Theorie des Sinns bietet uns einen Ansatz zur Lösung unserer Frage, insofern der Sinn lediglich in der Art und Weise der Bestimmung des Bezuges des Ausdrucks besteht, die ihrerseits ein Schritt ist bei der Bestimmung des Wahrheitswerts eines Satzes, in dem dieser Ausdruck vorkommt.

Wenn es also innerhalb eines gegenstandstheoretischen Paradigmas unmöglich ist, die logische Struktur des prädikativen Satzes aufzuklären, dann kann es sich bei den Differenzen zwischen Heidegger, Husserl, Rickert, Lask und Josef Geyser (1869–1948) lediglich um binnentheoretische Unterschiede innerhalb eines Paradigmas handeln, eben des gegenstandstheoretischen. Dies bedeutet dann aber, daß die Frage, an der sich im »Psychologismusstreit« die Geister scheiden, nicht die ist, ob wir in der Urteilstheorie einen psychologistischen oder antipsychologistischen Standpunkt vertreten. Die Logistik ist ja ebenfalls antipsychologistisch ausgerichtet. Die Frage, an der sich die Geister scheiden, bezieht sich darauf, ob wir in der Urteilstheorie einen gegenstandstheoretischen oder einen funktionalen Ansatz vertreten. Das heißt dann aber, daß die Frontlinie im »Psychologismusstreit« nicht nur zwischen Psychologisten und Antipsychologisten verläuft, da auch alle von Heidegger kritisierten psychologistischen Positionen gegenstandstheoretisch ausgerichtet sind, sondern zwischen Frege, Bertrand Russell (1872–1970) und dem frühen Ludwig Wittgenstein (1889–1951) auf der einen Seite und Heidegger, Husserl, Rickert, Lask und Geyser inklusive der psychologistischen Positionen von Wilhelm Wundt (1832–1920), Heinrich Maier (1867–1933), Franz Brentano (1838–1917), Anton Marty (1847–1914), und Theodor Lipps (1851–1941) auf der anderen Seite. Der Grund für diesen etwas seltsam klingenden Befund ist leicht benannt: Die gegenstandstheoretische Voraussetzung in der Urteilstheorie ist sowohl mit einer relativistisch-psychologistischen als auch mit einer absolutistisch-ontologischen Deutung kompatibel, nicht hingegen mit einer funktionalen, mit der sich allein die logische Struktur prädikativer Sätze aufklären läßt.

Heidegger und die Logistik

Der beschriebenen Auffassung steht jedoch das Gros der Heidegger-Interpretationen entgegen, insoweit sie sich überhaupt auf unser Problem einlassen – was allerdings eher die Ausnahme als die Regel darstellt. So gibt Manfred Riedel zwar zu, daß sich Heidegger, um der »Subjektivierung des Wahrheitsproblems« zu entgehen, »die der angestrebten Objektivität der Lehre vom Urteil aufs härteste widerspricht«, auf »die neue Logik von Frege« hätte beziehen können, »die gegen die Reduktion der Kopula im Urteil auf das ›es gilt‹ auf ein ›es gibt (existiert)‹ zurückgreift und damit die Begrifflichkeit von Sinn und Bedeutung logisch aufklärt«. Als Erklärung dafür, warum Heidegger dies nicht getan hat, erfahren wir aber nur, daß »Heideggers Frage ›Was heißt ist?‹ (die so auch Frege stellt)« sich »am Gehaltsinn der Kopula orientiert, der sich durch die prädikatlogische Umformung des Wortes ›existieren‹ (›Menschen existieren‹) genauso nominalisiert wie in der subjektlogischen Formel: ›Es gibt Menschen.‹ Und wenn dieser Ausdruck dasselbe bedeutet wie ›Einige Menschen sind gleich‹, dann liegt das Herausfordernde darin, daß sich die Kopula nicht mehr vom ›Ist‹ der mathematischen Gleichung unterscheidet. Was zum Denken herausfordert, ist die Stellung des Verbums innerhalb des Satzsinnes – daß das grammatische Subjekt, das Nomen, den *Gegenstand, das* Verbum aber einen *Gegenstandsverhalt* ausdrückt, der weder im ›theoretischen Reich des Sinnes‹ (Lask) noch in der logischen Sinnlehre der ›Begriffsschrift‹, einer Semiotik oder formalen Semantik, aufgeht.«[12]

Heidegger sah dies ähnlich. Mit der Logistik, also der mathematischen Logik, hatte er nicht viel am Hut, was freilich nicht bedeutet, daß er sie nicht zur Kenntnis genommen hätte. Heidegger ist kein philosophischer Ignorant – wie viele seiner Adepten. Er meint nur, daß die Logistik in bezug auf das anstehende Problem nicht sehr hilfreich sei und sich vor einer an Immanuel Kant (1728–1804) orientierten Logiktheorie nicht behaupten könne.

Was also sind die Argumente, die Heidegger gegen die Logistik ins Feld führt, und was hat er im Rahmen seiner Auseinandersetzung mit den neueren Entwicklungen innerhalb der Logik überhaupt zur Kenntnis genommen? Wir wissen, daß er wenigstens zwei Texte von Frege kannte: *Über Sinn und Bedeutung* und *Über Begriff und Gegenstand*. Beide Aufsätze stammen aus dem Jahr 1892. Ob ihm auch der 1891 gehaltene Vortrag *Funktion und Begriff* aus eigener Lektüre bekannt war, ist unklar. Fest steht jedoch, daß Heidegger in seinem Literaturbericht *Neuere Forschungen über Logik* (1912) auf zwei von drei Aufsätzen verweist, in denen Frege die Kernideen seiner logischen Propädeutik entfaltet: »G. Freges logisch-mathematische Forschungen sind meines Erachtens in ihrer wahren Bedeutung noch nicht gewürdigt, geschweige denn ausgeschöpft. Was er in seinen Arbeiten über ›Sinn und Bedeutung‹, über ›Begriff und Gegenstand‹ niedergelegt hat, darf keine Philosophie der Mathematik übersehen; es ist aber auch im gleichen Maße wertvoll für eine allgemeine Theorie des Begriffs. Wenn Frege den Psychologismus im Prinzip wohl überwand, so hat doch Husserl erst in seinen ›Prolegomena zur reinen Logik‹ das Wesen, die relativistischen Konsequenzen und den theoretischen Unwert des Psychologismus systematisch und umfassend auseinandergelegt.« (GA 1, 20) Doch nicht nur Frege findet in dem besagten Literaturbericht Erwähnung, auch Russell und Alfred North Whitehead (1861–1947).

»Eine neue Richtung in der Logik beansprucht das Verdienst, erst mit ihren Methoden vollständig und systematisch die Logik auf neue undefinierbare Begriffe und zwanzig unbeweisbare Grundsätze gegründet zu haben. Die Idee der ›Logistik‹ oder ›symbolischen Logik‹ hat schon Leibniz in der Characteristica universalis vorgeschwebt. In der zweiten Hälfte des vergangenen Jahrhunderts verfeinerten sich in der Mathematik die Methoden. Die Untersuchungen der Mathematiker zielten auf eine schärfere Fassung der Begriffe ab und zugleich auf die systematische Festlegung der leitenden Prinzipien und Grundlagen ihrer Wissenschaft. Diese philosophisch gerichteten Bestrebungen führten zur Begründung der Mengenlehre und Gruppentheorie. Zugleich begann man, die formale Logik über die überlieferte Subsumtionslogik hinaus zu erweitern; man schuf die allgemeine Logik der Relationen, wobei die algebraische Methode und deren Symbole zur Behandlung der logischen Probleme herangezogen wurden. Diese beiden gleichsam konvergierenden Bewegungen ließen die *Logistik* entstehen. Sie bildet den logischen Aufriß der Mathematik. Die Systematik und Geschlossenheit logizistischer Probleme erscheint am weitesten fortgeschritten bei *Bertrand Russell*. Während der Bearbeitung des zweiten Bandes in Verbindung mit A. Whitehead erkannte Russell, daß der Gegenstand seiner Untersuchung sich ausgedehnter zeigte, zugleich aber auch, daß manches in der früheren Darstellung ›zweifelhaft und dunkel‹ geblieben sei. Russell und Whitehead schufen daher ein völlig neues Werk, dessen erster Band vorliegt.

Das ›Urteilskalkül‹, ›Klassenkalkül‹ und ›Relationskalkül‹ behandeln die logischen Grundbegriffe und Funktionen. Durch den Beweis, daß diese *und nur* diese fundamentalen Phänomene den Bau der Mathematik stützen, ist die Identität der Logik und Mathematik gegeben. Der Logik entsteht mit dieser Theorie eine neue Aufgabe der Gebietsabgrenzung. Bei deren Lösung ist meines Erachtens vor allem nachzuweisen, daß die Logistik überhaupt nicht aus der Mathematik herauskommt und zu den eigentlichen logischen Problemen nicht vorzudringen vermag. Die Schranke sehe ich in der Anwendung mathematischer Symbole und Begriffe (vor allem des *Funktionsbegriffs*), wodurch die Bedeutungen und Bedeutungsverschiebungen der Urteile verdeckt werden. Der tiefere Sinn der Prinzipien bleibt im Dunkeln, das Urteil z. B. ist ein Rechnen mit Urteilen, die Probleme der Urteilstheorie kennt die Logistik nicht. Die Mathematik und die mathematische Behandlung logischer Probleme gelangen an Grenzen, wo ihre Begriffe und Methoden versagen, das ist genau dort, wo die Bedingungen ihrer Möglichkeit liegen.« (GA 1, 41 f.)

Was kann Heidegger nun von seinen eigenen Voraussetzungen aus gesehen kritisieren? Er kann zunächst einmal darauf hinweisen, daß Freges Gesamtprojekt einer rein logischen Begründung der Arithmetik gescheitert ist. Heidegger würde sich mit diesem Verweis in die Reihe jener einreihen, die zeigen konnten, daß das Hauptziel der *Begriffsschrift* und damit das Gesamtprojekt von Frege antinomieanfällig ist. Und tatsächlich mußte Frege gegenüber Russell zugeben, daß dessen Antinomieeinwand berechtigt sei. Im Jahr 1902 wies nämlich Russell ihn auf einen Widerspruch im System hin, der sich aus den Voraussetzungen der klassischen Mengenlehre ergab.[13] Frege, dem es zunächst völlig »unwahrscheinlich« erschien, »daß ein solcher Bau sich auf einem unsicheren, fehlerhaften Grund aufführen lassen sollte«, der vielmehr felsenfest davon überzeugt war, niemand könne den Nachweis erbringen, daß seine »Grundsätze zu offenbar falschen Folgesätzen führen«, mußte nun erkennen, daß nach der »Vollendung« seiner Arbeit »die Grundlagen seines Baues erschüttert« waren.[14] Denn Russell konstruierte eine Antinomie, also einen zugleich beweisbaren und widerlegbaren Satz, die unweigerlich die Aufgabe des ganzen Systems erzwang, was ihn dazu bewog, die Begründung der Mathematik auf die Basis einer Typentheorie zu stellen, eben weil diese Antinomie aus den Grundvoraussetzungen des Systems der klassischen Mengenlehre selbst resultierte, eine Entwicklung, an der Frege nicht mehr teilnahm.

Heidegger kann aber auch darauf verweisen, daß es überhaupt nicht die Absicht von Frege war, eine Bedeutungs- oder Verstehenstheorie für natürliche Sprachen zu entwickeln. Denn Frege ging es zunächst lediglich um jene Seite der Sprache, die er zu benötigen meinte, um die Grundlagen der Arithmetik zu klären, speziell das mathematische Beweisen, bei dem sich die Eigenschaft der Wahrheit von einer gegebenen Anzahl von Prämissen nach logischen Regeln auf eine Konklusion überträgt. Denn Frege will in der Begriffsschrift die natürlichen Zahlen und den Begriff der Zahl mit logischen Mitteln definieren und mit diesen Definitionen die Grundgesetze der Arithmetik auf einem rein logischen Weg beweisen, was nur durch eine *Idealsprache* zu bewerkstelligen sei. Daher seine Frage nach den »unbeweisbaren Grundsätzen und Axiomen [...], auf denen die ganze Mathematik beruht«, eine Frage, die nach Frege zwar nicht neu ist, die jedoch erst dann plausibel beantwortet werden kann, wenn die »logische Unvollkommenheit unserer Sprachen«, die sich aus der »Vieldeutigkeit der Ausdrücke« ergibt, beseitigt ist und die »Mängel fester Formen für das Schließen« behoben sind.[15]

Und Heidegger kann schließlich auch noch die »Mythologie des dritten Reiches« kritisieren, durch die Freges Theorie des Sinns unter einem permanenten Platonismusverdacht steht. Kritisiert wird in dieser Perspektive, daß das Fassen eines Sinns nicht als ein *Können*, sondern überhaupt nicht erklärt wird. Denn wir erfahren von Frege nur, daß der Sinn durch verschiedene Wörter ausgedrückt werden kann, aber gegeben ist er uns gar nicht, er wird einfach »erfaßt«, wobei völlig unklar bleibt, wie dieses Erfassen praktisch vor sich geht und theoretisch rekonstruierbar ist.

Heideggers Bemerkungen lassen sich wahrscheinlich auf alle diese Punkte beziehen. Zwar erscheint es fraglich, ob die von Heidegger ausgemachte »Schranke« der Logistik, die »in der Anwendung der mathematischen Symbole und Begriffe (vor allem des *Funktionsbegriffs*)« liege, tatsächlich als eine solche betrachtet werden muß. Fest steht jedoch, daß Freges Programm antinomieanfällig ist, daß eine Theorie der idealen Sprache, so wie sie von Frege, Russell und dem frühen Wittgenstein effektiv vertreten wurde, vor der Frage steht, wie sie mit dem Problem der Selbstbezüglichkeit fertig wird; und sicher ist weiterhin, daß Freges Programm unter einem beständigen Platonismusverdacht steht. Und genau dies hat Heidegger auch erkannt.

Während also Frege und Russell den Versuch unternehmen, mit dem Postulat von jenseitigen logischen Gegenständen die

Ideen Platons erneut zu erfinden, sieht der frühe Heidegger, daß dies zu einem Problem führt, an dem sich schon Platon im *Parmenides* vergeblich abgearbeitet hat: dem Problem, wie jene Entitäten, die die Erkenntnis erst erklären sollen, ihrerseits erkannt werden können. Interpretiert man Heideggers frühe Kritik an der Logistik wohlwollend, dann handelt es sich hier um den Nachweis, daß die Sprache im Rahmen des idealsprachlichen Programms nur dann an die Stelle des Bewußtseins treten kann, wenn sich für sie Bedingungen der Möglichkeit der sprachlichen Beschreibbarkeit angeben lassen. Und sie kann nur dann der geschichtlichen Relativierung entgehen, wenn sich diese Bedingungen der Beschreibbarkeit a priori angeben lassen, wobei der Logik innerhalb der Logistik die Aufgabe zukam, diese Bedingungen aufzuklären. Sie galt Frege, Russell und dem frühen Wittgenstein als normative Wissenschaft. Sie sollte die erkenntnistheoretische Besorgnis widerstreitender Erfahrung bannen, wobei das Dilemma dieses Ansatzes mit dem Problem der Selbstbezüglichkeit deutlich wird.

Hält man diese Vorwürfe gegenüber der Logistik hingegen für berechtigt, fallen nicht nur Frege, Russell und der frühe Wittgenstein unter diese Kritik, sondern auch Rickert, Lask, Husserl und Heidegger selbst, insofern die Vertreter beider Lager mit der Scheidung von Realem und Idealem unter dem gleichen Platonismusverdacht stehen. Denn nicht nur »bei *Rickert* schweben [...] die Formen in der Luft«[16], sondern eben auch bei Lask, Husserl und Heidegger. Zwar betont Heidegger, daß die »Gebietsscheidung von logischen Sinngebilden und grammatischen Sprachgebilden«, die für »die Herausarbeitung ihres heterogenen Charakters« nötig sei, wieder aufgehoben und »in eins verschmolzen« werden muß. Tatsächlich jedoch erfolgt keine echte Vermittlung der »so radikal auseinandergerissenen Sphären des existierenden Grammatischen und des geltenden Logischen« (GA 1, 294f.), sie ist immer nur erschlichen. Dies ist nun insofern nicht verwunderlich, als »Sinn und Bedeutung«, die per Voraussetzung

»keinerlei Veränderung« unterliegen, nämlich genau solche Wesenheiten darstellen wie Platons Ideen, Freges »Gedanken« oder Russells »logische Gegenstände«.

Wie bereits erwähnt: In bezug auf die Logistik hat Heidegger bemerkt, daß die logizistische Leitidee einer jeden Widerspruch des Denkens ausschließenden Sprache, die innerhalb der Logistik spätestens mit Russell in eine Aporie führt, zu einer Neuauflage der Platonischen Zweireichelehre führt. Und ihm sind auch die Regreßanfälligkeit und der konstitutive Dualismus einer Konstruktion nicht entgangen, in der »die Verklammerung von Form (Kategorie) und Material [...] als ›Sinn‹ bezeichnet« wird. (GA 1, 24 f.) Denn wenn wie bei Lask jede »Kategorie ins Unendliche Material der Kategorie zu werden vermag«[17], dann zieht sich nicht nur durch die gesamte Konstruktion eine »Zweireihigkeit« von Form und Material, die auch dadurch nicht aufgehoben werden kann, daß die Material-Form-Verklammerung in infinitum immer wieder unter eine Form gebracht werden kann, dann steht eben auch die »logische Form Gelten [...] wieder in der Kategorie Gelten«, so daß wir »zu einer Form der Form der Form« gelangen, über der dann, sozusagen an der Spitze der Pyramide, »nur die schlechthin logische Form« thront (GA 1, 25). Diese ähnelt auf fatale Weise jenen Platonischen Ideen, die Kontextualisierung und Erklärung leisten, ohne daß sie sich regreß- oder zirkelfrei kontextualisieren oder erklären ließen.

Heidegger und Frege über »Sinn« und »Bedeutung«

Beide Konzepte stehen also unter einem Platonismusverdacht. Sie stehen aber nicht in der gleichen Weise unter diesem Verdacht. Vergleichen wir Frege und Heidegger in bedeutungstheoretischer Hinsicht, stellen wir neben der Frontstellung gegen den Psychologismus eine weitere Gemeinsamkeit fest: Freges Unterscheidung zwischen Sinn und Bedeutung entspricht ungefähr der Unterscheidung Heideggers zwischen Bedeutung und Beziehung.

Es liegt nahe, so Frege, »mit einem Zeichen (Namen, Wortverbindung, Schriftzeichen) außer dem Bezeichneten, was die *Bedeutung* des Zeichens heißen möge, noch das verbunden zu denken, was ich den *Sinn* des Zeichens nennen möchte, worin die Art des Gegebenseins enthalten ist«[18]. Daher gilt für ihn: »Ein Eigenname (Wort, Zeichen, Zeichenverbindung, Ausdruck) drückt aus seinen Sinn, bedeutet oder bezeichnet seine Bedeutung. Wir drücken mit einem Zeichen dessen Sinn aus und bezeichnen mit ihm dessen Bedeutung.«[19] Namen haben demzufolge nach Frege zwei semantische Funktionen: Sie drücken einen Sinn aus (sie haben eine Bedeutung), und sie bezeichnen eine Bedeutung (sie haben einen Bezug), wobei es für Frege auch Namen gibt, die keinen realen Gegenstand bezeichnen, die also in Freges Terminologie nichts bedeuten, die jedoch einen Sinn haben, beispielsweise Namen wie »Odysseus« oder »die kleinste reelle Zahl, die größer ist als 1«. Verschiedene Namen können außerdem denselben Sinn haben. Und sinnverschiedene Namen können dieselbe Bedeutung haben.

Diese Unterscheidung zwischen Sinn und Bedeutung, die ungefähr jener Unterscheidung entspricht, die Heidegger von Husserl übernahm, nämlich der Unterscheidung zwischen Bedeutung und Beziehung, überträgt Frege auf ganze Sätze. Er meint einerseits, daß die Bedeutung (der Bezug) eines Satzes eine Funktion der Bedeutungen der in ihm vorkommenden Namen sei. Die Bedeutung eines Satzes ist daher invariant, wenn man eine Substitution bedeutungsgleicher Ausdrücke vornimmt. Und er meint andererseits, daß der Sinn eines Satzes bei einer Substitution sinngleicher Ausrücke invariant sei. Ersetzt man in dem Satz »Der Morgenstern ist identisch mit dem Morgenstern« das zweite Vorkommnis des Namens »Morgenstern« durch den sinngleichen Namen »Abendstern«, so ändert sich der Gedanke (die Proposition). Denn der Satz ist nun keine Tautologie mehr. Daher kann der Gedanke auch nicht die Bedeutung eines Satzes sein. Denn der Gedanke ändert sich ja durch die Substitution eines sinngleichen Ausdrucks. Invariant bleibt indes der Wahrheitswert des Satzes, den Frege daher als Satzbedeutung ansieht.[20]

»Das Streben nach Wahrheit also ist es, was uns überall vom Sinn zur Bedeutung vorzudringen treibt. Wir haben gesehen, daß zu einem Satz immer dann eine Bedeutung zu suchen ist, wenn es auf die Bedeutung der Bestandteile ankommt; und das ist immer dann und nur dann der Fall, wenn wir nach dem Wahrheitswerte fragen. So werden wir dahin gedrängt, den *Wahrheitswert* eines Satzes als seine Bedeutung anzuerkennen. Ich verstehe unter dem Wahrheitswert eines Satzes den Umstand, daß er wahr oder daß er falsch ist. Weitere Wahrheitswerte gibt es nicht. Ich nenne der Kürze halber den einen das Wahre, den anderen das Falsche. Jeder Behauptungssatz, in dem es auf die Bedeutung der Wörter ankommt, ist also als Eigenname aufzufassen, und zwar ist seine Bedeutung, falls sie vorhanden ist, entweder das Wahre oder das Falsche.«[21]

Wenn man nun einmal davon absieht, daß Freges These, nach der sich Sinn und Bedeutung eines Satzes aus dem Sinn und der Bedeutung seiner Teile ergeben, im Widerspruch zu seinem berühmten »Kontextprinzip« steht – denn dieses Prinzip besagt ja: »Nur im Zusammenhang eines Satzes bedeuten die Wörter etwas«[22] (von daher vertritt zunächst auch Frege eine gegenstandstheoretische Bedeutungstheorie[23]) –, und wenn man davon absieht, daß es seltsam anmutet, den Wahrheitswert eines Satzes als dessen Bezug anzusehen, und wenn man schließlich auch noch davon absieht, daß Frege den Wahrheitswert als einen Gegenstand ansieht, also bedeutungsvolle Sätze als Namen von Wahrheitswerten, was sich aus der Tatsache erklärt, daß Frege nur zwei ontologische Grundkategorien kennt, nämlich Gegenstände und Funktionen, wenn man also von diesen Problemen einmal absieht, dann können wir feststellen, daß Freges Analyse des Gedankens, trotz des behaupteten Vorrangs des Gedankens gegenüber der Sprache, durch eine Analyse der Sprache effektiv bewerkstelligt wird, insofern der Begriff der Struktur des Satzes und der Begriff der Struktur des Gedankens zusammen entwickelt werden. Und daher ist es bei Frege auch ausgeschlossen, daß die Struktur des Gedankens ohne Bezugnahme auf sprachliche Ausdrücke, genauer auf Sätze, untersucht wird.

Anders bei Heidegger. Zwar verstößt auch er den Gedanken aus dem Bewußtsein, denn der »Urteilssinn« ist analog zu Freges »Gedanken« kein Bestandteil des Bewußtseinsstroms. Zwar meint auch er, daß der »Urteilssinn« nicht privat, sondern objektiv ist, so daß uns der »Urteilssinn« nicht in der gleichen Weise gehört wie unsere je eigenen Vorstellungen – und da Heidegger, ebenfalls analog zu Frege, nur Objektives und Subjektives kennt, denn auch innerhalb der Phänomenologie verfügte man noch nicht über den Begriff der »Intersubjektivität«, wird der »Urteilssinn« als Geltendes bestimmt. Im Gegensatz zu Frege jedoch geht Heidegger das Bedeutungsproblem mittels einer Theorie der intentionalen Akte an.

Den frühen Heidegger und die Logistik verbindet also zunächst ein *antipsychologistischer Sinnbegriff.* Der Sinnbegriff stellt gewissermaßen die Klammer dar, die Heidegger, Frege und Wittgenstein im Kampf um eine antipsychologische Logikfundierung als Verbündete zusammenhält. Dieser Begriff wird aber auf unterschiedliche Weise erläutert: bei Heidegger über den Geltungsbegriff, bei Frege und Wittgenstein über den Wahrheitsbegriff – womit Frege und Wittgenstein den *linguistic turn* einleiten.[24] Während Frege und der frühe Wittgenstein eine *Theorie der Intentionalität* bei der Erklärung des Sinnes als psychologismusverdächtig zurückweisen, glaubt Heidegger das Bedeutungsproblem intentionalitätstheoretisch lösen zu können. Wie für Husserl steht auch für Heidegger das Axiom der Intentionalität der Bewußtseinsakte so unverbrüchlich fest, daß er keinerlei Notwendigkeit sieht, dieses Axiom in bedeutungstheoretischer Hinsicht an Einzelfällen unter Beweis zu stellen.[25] Gemäß der Grundthese der intentionalistischen Semantik geht Hei-

degger davon aus, daß das, was der Sprecher in einer gegebenen Situation mit einem verwendeten Ausdruck meint, als
fundamental gegenüber einer intersubjektiv geteilten Sprache zu betrachten sei.

Es ist der Primat der Bewußtseinsintentionalität, der Heidegger analog zu Husserls Bedeutungstheorie zu der mentalistischen Reduktion sprachlicher Bedeutungen auf eine
nichtsprachliche Bewußtseinsintentionalität zwingt. Denn
im Gegensatz zu Frege und dem frühen Wittgenstein, die
von den Bedingungen ausgehen, unter denen ein Satz wahr
ist, will Heidegger den Bedeutungsgehalt einer Äußerung allein durch die intentionalen Leistungen erklären, mit denen
ein Sprecher einen Ausdruck in einer gegebenen Situation
äußert. Geleitet von der Intuition, daß auch die Sprachver-
wendung nur eine Erscheinungsform der Souveränität eines
solipsistisch autarken Bewußtseins darstellt, das auch für die
ursprüngliche Konstitution allen sprachlich ausdrückbaren
Sinns verantwortlich zeichnet, wird so die Frage danach, was
für die Begründung einer Bedeutungstheorie fundamentaler
sei: die im Sinne einer intersubjektiven Praxis geteilten Bedeutungen oder die Bedeutungen, die den Zeichen durch eine vorsprachliche Bewußtseinsintentionalität verliehen werden, indem diese Bedeutungen mit dem physischen Zeichen-
substrat verbunden werden, intentionalistisch beantwortet.
Und indem der transzendentalen Subjektivität diese Souveränität zugeschrieben wird, eine Souveränität, die sich gegenüber den eingespielten Interaktionszusammenhängen, in
denen sprachliche Ausdrücke eine praktische Funktion erfül-
len, darin bekundet, daß sie den Gegenständen beliebig Namen zuordnet und den Zeichen Bedeutungen beilegt – denn
genau dies besagt die These von den »bedeutungsverleihenden Akten« –, verliert die Sprache beim frühen Heidegger gegenüber den intentionalen Leistungen des Bewußtseins ihre
Autonomie und Selbständigkeit. Diese wird ihr mit Heideggers »Kehre« Mitte der dreißiger Jahre zwar in einer ontologi-
sierten Form wieder zugesprochen, aber um den Preis, daß

nun die sprachkonstitutiven Leistungen vollständig auf der
Strecke bleiben.

Anders bei Frege und etwas später dann beim frühen Wittgenstein, die der Sprache einen von den Intentionen der sprechenden Subjekte unabhängigen Status zuschreiben. Geleitet von der Einsicht, daß das richtige Verständnis eines Ausdrucks nicht intentionalistisch erklärt werden kann, sondern aus den Formeigenschaften und Bildungsgesetzen des Ausdrucks selbst, wird die Bedeutungstheorie aus allen handlungstheoretischen Zusammenhängen gelöst und der Sprachanalyse im engeren Sinn vorbehalten. Damit erschließt sich die formale Semantik jene Dimension, die Heidegger mit seinem intentionalistischen Ansatz nicht adäquat zu begreifen vermag: den logisch-semantischen Aufbau der Sprache. Zwar gilt auch noch für die ältere satzsemantische Analyse Freges und des frühen Wittgensteins, daß sie an die bewußtseinsphilosophische Gegenstandstheorie der Erkenntnis gebunden bleibt.[26] Denn auf die Frage, was wir unter einer Tatsache zu verstehen haben, antwortet sie: »das Bestehen von Sachverhalten« – und stellt dann einen Sachverhalt als »eine Verbindung von Gegenständen« vor.[27]

Gleichwohl revolutionierte die Satzsemantik nicht nur die referenzsemantische Auffassung, der zufolge sich Sprache zur Realität wie der Name zu seinem Gegenstand verhält. Sie gibt auch den Weg frei, um den Zusammenhang von Wahrheit und Bedeutung aufzuklären. Wenn nämlich die Bedeutung eines assertorischen Satzes der Sachverhalt ist, den er wiedergibt, und wenn der ausgedrückte Sachverhalt existiert, dann verstehen wir einen assertorischen Satz genau dann, wenn wir jene Bedingungen kennen, unter denen er wahr ist. In diesem Sinn behauptete Wittgenstein im *Tractatus*: »Einen Satz verstehen, heißt, wissen was der Fall ist, wenn er wahr ist.«[28]

Während also bei Frege und Wittgenstein die Analyse des Gedankens mittels einer Analyse der Sprache erfolgt, wodurch die Analyse von Begriffen und Propositionen in eine nicht psychologische Richtung gelenkt werden kann, ohne daß gleichzeitig der Tribut des »dritten Reiches« gezahlt werden muß, bewerkstelligt Heidegger die Analyse des Urteilsgehalts mittels einer Analyse der intentionalen Akte. Läßt sich im Anschluß an Frege der Antipsychologismus auch ohne Platonismus vertreten, und zwar dann, wenn die Zugehörigkeit des Gedankens an den sprachlichen Ausdruck gebunden wird, dessen Objektivität in den gemeinsamen Praktiken innerhalb einer intersubjektiv geteilten Sprache gründet, so wird bei Heidegger im Anschluß an Husserl der Sinnbegriff derart verallgemeinert, daß er zu einer Konzeption des »Noemas« gelangt, wodurch der Antipsychologismus – analog zu Frege – nur noch als Platonismus vertreten werden kann, ohne aber – und das ist der Unterschied zu Frege – mit dieser Verallgemeinerung des Sinnbegriffs die Wende zur Sprache noch mitvollziehen zu können. Denn durch die Verallgemeinerung des Sinnbegriffs zum »Noema«, das in Husserls eigenen Worten »nichts weiter als die Verallgemeinerung der Idee der Bedeutung auf das Gesamtgebiet der Akte« darstellt[29], wird der Sinnbegriff in einem ersten Schritt aus der Verbindung mit einem ihn tragenden sprachlichen Ausdruck herausgelöst und vergegenständlicht, so daß er in einem zweiten Schritt mittels der bedeutungsverleihenden Akte zum sprachlichen Ausdruck wieder hinzugefügt werden muß. Besteht der Sinn eines Ausdrucks bei Frege in der Art und Weise, wie der Bezug des Ausdrucks bestimmt wird, so besteht er bei Heidegger und Husserl gerade in der Unabhängigkeit vom sprachlichen Ausdruck. Denn der »Sinn, ebenso wie die in ihm antreffbaren Bestandstücke, die Bedeutungen« (GA 1, 290), soll sich ja völlig unabhängig von der Sprache darstellen lassen.

Es ist die »radikale Scheidung von Sprachgebilde und logischem Gehalt« (GA 1, 291), die Heidegger zu der Deutung zwingt, daß in sinn- und bedeutungslosen »Wörtern als solchen kein Zusammenhang, keine Ordnung« ist, weil Sinn und Bedeutung per Voraussetzung nicht »in die Welt des real Existierenden« gehören, sondern als zeitlos identisch dieselben gelten. Und ebendiese Deutung läuft nun aber in sprachphilosophischer Hinsicht auf die absurde Konsequenz hinaus, den sprachlichen Sinn als einen außersprachlichen Gegenstand aufzufassen, der sich zu seinen sprachlichen Realisationen wie Platons Ideen zu ihren empirischen Realisationen verhält.

Obwohl Heidegger auch in bezug auf das eigene Theorieprogramm den Dualismus und den »sich hier eröffnenden regressus in infinitum« bemerkt, hält er doch aus Angst vor einem Rückfall in den Psychologismus an der klaren Hierarchisierung der Sphären fest. Es ist der Drang nach einer unbedingten Sicherheit und die damit verbundene Gelehrtensorge, nur ja keinem Psychologismus-, Historismus- oder sonstigen Relativismusverdacht Raum zu geben, der dazu nötigt, *apriorische Reinheitspostulate* zum Signum von Sicherheit, Souveränität und Makellosigkeit zu erklären. In diesem Zusammenhang ist nicht nur die Vielfalt der um die Jahrhundertwende zumeist ganz unkantisch gebrauchten Aprioris zu sehen, sondern generell der Rückgriff auf logisch-transhistorische Konstanten. Deren Geschichtslosigkeit soll eine geistige Sicherheit einbringen, die ansonsten unter den Bedingungen einer historischen Aufklärung nicht mehr zu haben ist. Mit dem Rekurs auf logisch-transhistorische Konstanten, durch den im Rahmen eines transzendentalphilosophischen Theorieansatzes den »Sinnstrukturen« geltungstheoretisch ein eigener Status gegeben werden soll, verbindet sich also nicht nur die Idee, die Wirklichkeit einer sinngebenden Instanz zu unterstellen, sondern eben auch eine »›Hypostasierung‹ des Logischen zum metaphysischen Seienden«, für die, wie Heidegger treffend bemerkt, Platon das große Vorbild darstellt. (GA 1, 24)

Der Grund für diese Hypostasierung des Logischen zu einem »Geltenden an sich« ist leicht benannt. Mit Rickert, Lask und Husserl wählt auch Heidegger einen konsequent logizistischen Ansatz: Nicht materiale »Tatsachen des Bewußtseins«, nicht eine inhaltliche Selbstinterpretation des Erkenntnissubjekts als lebendiger Mensch und historisches Wesen, sondern *logische Erwägungen* zur Struktur des Urteils stehen für Heidegger am Anfang seiner Überlegungen, die sich näherhin als Überlegungen zur Prädikations- und Bedeutungslehre im Rahmen einer transzendentalphilosophischen Wissenschaftslehre charakterisieren lassen. Der Grund für diesen Logizismus ist in der Lösungsstrategie zu suchen, die die Neukantianer und Husserl angesichts der Probleme des Psychologismus und Historismus wählen. Um die Frage nach der Sonderstellung der Logik in einer nichtrelativen Weise zu beantworten, wird als Vorbild die transzendentale Logik Kants gewählt, da nur diese Methode gegen den Relativismus und die Zirkelhaftigkeit des Argumentierens immun zu sein scheint – immer wieder betont Heidegger, daß es »das Verdienst der neuen Logik« sei, »das Urteil selbst zum Problem gemacht zu haben« (GA 1, 30). Und genau damit aber wählt Heidegger das gegenstandstheoretische Paradigma!

Dies ist denn auch der Grund, warum die Einstellungen zur Sprache bei Frege, Russell und Wittgenstein auf der einen Seite und bei Rickert, Lask, Husserl und Heidegger auf der anderen Seite differieren. Zwar galt hier wie dort die Devise: Befreiung der Logik von der Grammatik. Und auch der Versuch, transzendentale Grenzen der Rechtfertigung der Erkenntnis zu ziehen, verbindet beide Positionen. In diesem Sinn insistieren sowohl Wittgenstein als auch Heidegger auf einer Kritik der Kategorien, auf einer Analyse ihrer Leistungsfähigkeit, ihrer Grenzen und ihrer Überforderung, kantisch: dem *quid iuris* und dem *quid facti*. Beide, Wittgenstein und Heidegger, müssen daher eine Kritik der Vernunft leisten. Aber, und das eben unterscheidet sie: Wittgensteins Vernunftkritik ist sprachlich akzentuiert, Heideggers hingegen mentalistisch.

Bei Heidegger und bei Wittgenstein wird also die natürliche Sprache im Namen einer anderen Instanz kritisiert, die hier wie dort durch die »Logik« aufgeklärt werden soll. Diese Instanz ist im Rahmen der Logistik eine *symbolische Kalkül-sprache*, und im Fall von Heidegger sind es *Bewußtseinstatsachen*. Eine solche Kalkülsprache, so die Überzeugung von Frege, Russell und Wittgenstein, soll einen entscheidenden Mangel der natürlichen Sprache beheben: daß es in natürlichen Sprachen möglich ist, syntaxwidrige und somit sinnlose Wortreihen zu bilden, ohne dabei jedoch die Regeln der Grammatik zu verletzen. Um diese syntaxwidrigen Zusammensetzungen von Wörtern im Namen einer idealen Sprache kritisieren zu können, bedarf es nach Ansicht der Idealsprachler der Angabe der zulässigen logischen Verknüpfungsregeln und der Aufstellung eines Lexikons, das alle zugelassenen Ausdrücke enthält. Und wenn es allein die syntaktische Wohlgeformtheit eines Satzes ist, die seinen Sinn garantiert, dann muß man sich um die Semantik ohnehin nicht mehr kümmern. Frei nach Gottfried Wilhelm Leibniz (1646–1716): »Der Rest ist Rechnen.«[30] Das Problem allerdings ist, daß es eine solche vollständig formalisierte Sprache nicht geben kann, da sie in jedem Fall einen Satz enthalten wird, der mit den Mitteln dieser Sprache nicht entscheidbar ist. Diese *Normierungsaporie* hat Heidegger erkannt. Jede Sprachnormierung mittels einer geregelten Syntax muß sich des Regelsystems der Umgangssprache bedienen, um Regeln überhaupt festlegen zu können, da man Regeln nur dann festlegen kann, wenn man schon Regeln hat. Hier liegt der Grund für die Normierungsaporie, in die das Idealsprachenprogramm geraten mußte.

Nun kritisiert aber auch Heidegger die natürliche Sprache. Denn diese, so der mit Friedrich Nietzsche (1844–1900) und der Romantik geteilte Befund, läßt das Individuelle nicht zu seinem Recht kommen. Nach Heidegger ist »das Individuelle als Individuelles nicht vollkommen zu erfassen. [...] Es bleibt ein *unsagbarer* Rest zurück, dem man allenfalls immer näher kommen kann, ohne ihn jedoch je auszuschöpfen.« »Das die Wortbedeutungen die unübersehbare Mannigfaltigkeit des unmittelbaren Gegebenen nicht erreichen, ihr gegenüber vielmehr schon bestimmte Formungen und Umbildungen darstellen, hat vor allem Rickert im Zusammenhang mit dem Problem der Grenzen der naturwissenschaftlichen Begriffsbildung nachgewiesen.« (GA 1, 352 f. und 306 f.)

Heidegger versteht den Begriff ganz nominalistisch als ein operatives Schema, dessen Anwendung auf die Gegenstände das Inkommensurable abschneidet und sie nur noch als Exemplare eines Allgemeinen übrigläßt. Denn der Begriff ermögliche es immer nur zu sagen, worunter etwas fällt; zu sagen, was etwas ist, verhindert er. Seit seinen philosophischen Anfängen hegt Heidegger eine tiefes Mißtrauen gegen den Begriff und gegen den Satz – und schließlich gegen das philosophische Argument selbst. Sein Versuch der »Befreiung der Sprache aus der Grammatik in ein ursprünglicheres Wesensgefüge« ist geleitet von der Idee, daß der »Satz überhaupt als *solcher*, d. h. das Setzen, die Position«, das Denken absterben läßt, weil er suggeriert, Wahrheit bestehe »darin, daß das Prädikat dem Subjekt zukommt und als zukommend im Satz gesetzt [...] ist« (GA 41, 104 und 36). Es waren die »Sachen selbst«, die sein Interesse fanden und die er gegen den bloßen Begriff der Sache ausspielte, wobei Heideggers Sprachkritik eine zweifache Pointe hat: Sie ist gegen falsche »Theoretisierungen« gerichtet, die die »Sachen selbst« verdecken, und sie ist gegen den bloß »gemachten Begriff« gerichtet, der dem Individuellen Gewalt antut. Husserls Schlachtruf »Zu den Sachen selbst«[31], den sich auch Heideggers Sprachkritik zu eigen macht, läßt sich also in einer zweifachen Weise verstehen.

In der ersten Perspektive richtet sich die Kritik lediglich gegen bestimmte, nicht adäquate Theoretisierungen, die sich jedoch durch adäquate Theoretisierungen korrigieren ließen. In der zweiten Perspektive richtet sich die Kritik gegen jede Theoretisierung, ja gegen den Satz und gegen die Sprache selbst, denn Heidegger glaubt, daß in dieser ein Mechanismus eingebaut ist, der direkt in die Metaphysik hineinführt und die »Sachen selbst« durch ihre sprachliche »Inbesitznahme« nicht zu ihrem Recht kommen läßt. Die erste Kritik will also auf ganz bestimmte Mängel der diskursiven Rationalität aufmerksam machen, wobei mit einer solchen Kritik immer schon die Mittel benannt sind, mit denen diese Mängel behoben werden können, wenn wir uns im *hermeneutischen Raum des Gebens und Nehmens von Gründen* über die Sachangemessenheit von Behauptungen Rechenschaft ablegen. Die zweite Kritik will auf einen strukturellen Mangel dieser diskursiven Rationalität aufmerksam machen, der im Rahmen der durch die Metaphysik infizierten Grammatik ebenso notwendig wie unvermeidlich sein soll – weshalb es gelte, die Sprache aus dieser Grammatik zu befreien und auf den Boden eines anderen »Sagens« zu stellen.

Wohlgemerkt: Der Punkt für Heidegger ist nicht, daß es in natürlichen Sprachen möglich ist, syntaxwidrige und somit sinnlose Wortreihen zu bilden, ohne dabei die Regeln der Grammatik zu verletzen. Im Unterschied zur Sprachkritik der Logistik, die in erster Linie *Sinnkritik* ist, hat für Heidegger *jedes Urteil und entsprechend dann auch jede Frage einen Sinn*, insofern »in jeder Frage [...] *etwas* gefragt« wird – das gilt auch für »die Frage: ›wieviel Gramm wiegt diese Kurve zweiter Ordnung?‹« Auch diese Frage »ist streng genommen nicht ohne Sinn, insofern sich bei der Aufreihung der sieben Worte etwas denken läßt«, wenngleich Heidegger meint, daß sie »das Wesen des geometrischen Gegenstandes« verkennt, so daß die »Antwort auf diese Frage [...] als prinzipieller Irrtum zurückgewiesen werden« (GA 1, 160) muß, etwa: »Die Kurve zweiter Ordnung wiegt zwanzig Gramm«. Daß der *Sinn des Gesagten* fraglich werden kann, hat Heidegger also gar nicht auf der Rechnung.[32]

Heidegger meint, daß die Wortbedeutungen die »Sache selbst« nicht erreichen oder nur so, daß ein »Rest« bleibt, der sich sprachlich nicht einfangen läßt, weil der Begriff und der Satz die »Sache selbst« nur verfehlen können. Diese bereits für die performative Einstellung der ersten Person ausgemachte Differenz zwischen dem, was ein Sprecher meint, und dem, was er sagt, wäre freilich nur dann plausibel, wenn es ein Maß für diese Differenz zwischen dem Gemeinten und dem Gesagten gibt. Denn an irgendeinem Maß muß das, was sich gegenüber dem Gemeinten sprachlich nicht ganz sagen läßt, aufzuklären sein – und dieses Maß ist für Heidegger die *Selbsttransparenz des Meinens*. Hier wird deutlich, daß der frühe Heidegger einem *noetischen Ideal* verpflichtet ist, insofern das Erkenntnisziel in der *noetischen Evidenz* dessen liegt, was *ist*.

Wie bereits beschrieben, kritisieren sowohl Heidegger als auch Frege die natürliche Sprache im Namen einer anderen Instanz. Im Unterschied zu Frege und jenen, die ihm folgten, ist diese Instanz bei Heidegger im Rahmen der gegenstandstheoretischen Prädikations- und Bedeutungstheorie aber nicht eine symbolische Kalkülsprache – eine solche verdecke nämlich durch die »Anwendung der mathematischen Symbole und Begriffe (vor allem des *Funktionsbegriffs*) [...] die Bedeutungen und Bedeutungsverschiebungen der Urteile« –, sondern es sind *Bewußtseinstatsachen*. Diese bilden bei Heidegger den Standard, an dem gemessen die natürliche Sprache der Aufklärung und Kritik unterzogen werden soll, weil sie das wirklich Individuelle nicht zu erfassen vermag. Das Problem freilich ist, daß es diesen Standard gar nicht gibt. Denn was eine »Ausdruck*intention* ist, wissen wir nur, wenn wir wissen, was ein genauer *Ausdruck* dieser Intention ist oder wäre. Andere als sprachliche Kriterien der Klarheit von Gedanken und Intentionen stehen uns nicht zur Verfügung.«[33]

Im Zuge des *linguistic turn* und der von Heidegger später selbst vollzogenen *hermeneutischen Wende* verlieren jedoch mentalistische Standards ihre Plausibilität, so daß damit auch die gegenstandstheoretische Sprachkritik ihre Basis verliert. Bliebe dies nun das letzte Wort, dann würde es fast auf eine Frage des Geschmacks hinauslaufen, welche der beiden Positionen wir vertreten können. Beide Programme stehen unter erheblichem Rechtfertigungsdruck, allerdings nicht in der gleichen Weise. Denn man kann durchaus zugeben, daß die Logistik an die von Heidegger ausgemachten Grenzen gelangt, und trotzdem dafür argumentieren, daß die Logistik in prädikations- und bedeutungstheoretischer Hinsicht auf dem richtigen Weg war. Zwar muß die durch Wittgenstein initiierte Form der Sprach- und Metaphysikkritik, die mit der Etablierung eines *empirischen Sinnkriteriums* selbst noch dem positivistischen Einheitsprogramm und seiner therapeutischen Methode zugrunde lag, als gescheitert angesehen werden, da jenes Sinnkriterium, mit dem der Metaphysik ein für allemal der Garaus gemacht werden sollte, weder analytisch noch empirisch überprüfbar war, so daß der Begriff des Unsinns durch die unbefriedigende Definition des Sinnbegriffs selbst unsinnig zu werden drohte; ja, es läßt sich sogar zeigen, daß die Selbstanwendung des positivistischen Sinnkriteriums die Grundlage seiner eigenen Geltung zerstört[34] – womit zugleich auch die philosophische Allzweckwaffe gegen die Metaphysik stumpf wird. Doch wir können der Logistik zumindest darin folgen, daß die logische Struktur des prädikativen Satzes nicht gegenstandstheoretisch, sondern funktional aufgeklärt werden muß.

Der fundamentalontologische Ansatz im Umfeld von *Sein und Zeit*

Die Seinsfrage: Sein und Seiendes

Heidegger hat später nicht nur die absolutistischen Kosten für die Widerlegung des Psychologismus gesenkt, sondern auch den Sinnbegriff aufgegeben, den er ursprünglich über den Begriff der Geltung erläutert hatte, weil »im Grunde [...] dieses Zauberwort ›Geltung‹ ein Knäuel von Verwirrungen, Ratlosigkeit und Dogmatismus« darstellt. (GA 21, 79) Im Umfeld von *Sein und Zeit* geht er daran, mit dem Begriff der »Erschlossenheit« den gegenstandstheoretischen Ansatz der traditionellen Ontologie insgesamt einer Kritik zu unterziehen, wobei Heidegger auf die Ganzheit eines nicht gegenständlichen Sinnzusammenhangs rekurriert, der jeglicher Prädikation ermöglichend vorausliegt. Heidegger, der bereits am Ende seiner Habilitation darauf verwies, daß im Vergleich zur neuzeitlich etablierten Rückwendung auf das transzendentale Subjekt die spekulative Grammatik »eine feinere Disposition sicheren Hinsehens in das unmittelbare Leben der Subjektivität und der ihr immanenten Sinnzusammenhänge« bewies, ohne daß »ein scharfer Begriff des Subjekts gewonnen ist« (GA 1, 401), meinte bereits hier, daß der Zusammenhang, aus dem heraus die Begründungsprobleme der Logik zu deuten sind, ein »translogischer« sein müsse. (GA 1, 405 f.) Damit war nicht nur das von Georg Wilhelm Friedrich Hegel (1770–1831) und Wilhelm Dilthey (1833–1911) thematisierte Problem der Geschichte und des historischen Verstehens angesprochen, das für den Anfang des Weges zur Seinsfrage wichtig wird, sondern auch das Verhältnis von Sprache und Sein, das Heideggers Denkweg von früh an bestimmt.[1]

In welchem Maße dies gilt, zeigt die Auseinandersetzung

mit Husserl, die zu den faszinierendsten Diskussionen im 20. Jahrhundert zählt. Gegen Husserl, der für die Phänomenologie immer am Programm der »strengen Wissenschaft« und an der Idee der Voraussetzungslosigkeit festhielt, weist Heidegger auf die Zirkelhaftigkeit hin, aus den Wissenschaften die Regeln und Grundbegriffe zu entnehmen, die diese gerade begründen sollen. Ohne daß er sich schon völlig über die Zirkelhaftigkeit im vortheoretischen Bereich des Verstehens im klaren war, geht Heidegger mit der Überzeugung, daß das Theoretische in einem vortheoretischen Verstehen gründet, zunehmend auf Distanz zu Husserl und dem Programm einer »Philosophie als strenger Wissenschaft«. Erst eine hermeneutisch gewendete Phänomenologie vermag nach Heidegger die »Generalherrschaft des Theoretischen« zu brechen und die Setzungen thematisch zu machen, die in die Frage der Ontologie eingehen: »Gibt es etwas?« (GA 56/57, 66) Mit dieser hermeneutischen Wendung der Phänomenologie ist ein Wechsel von der phänomenologischen Grundhaltung des »Erschauens« bewußtseinsmäßiger Erlebnisse zum »Heraushören« der Motivation für die Frage nach der Gegebenheitsweise von etwas verbunden, womit das intentionale »Er-leben von etwas« an das intentional gerichtete »Leben zu etwas« zurückgebunden ist. (GA 61, 194 f.)

Heidegger, der hier noch mit dem »Leben« auf die Ganzheit dieses nicht gegenständlichen Sinnzusammenhangs rekurriert, hat damit in den Grundzügen das Programm für eine »Hermeneutik der Faktizität« formuliert, die in der Lage ist, die traditionelle Frage nach dem Sein noch einmal zu stellen. Bereits im Sommersemester 1920 fragte Heidegger in seiner Vorlesung *Phänomenologie der Anschauung und des Ausdrucks* mit dem Begriff der »Faktizität«[2] nach dem Grund des konstituierenden Bewußtseins und im Anschluß daran, ob es das »es gibt« überhaupt gibt, und nun fragt er mit diesem Begriff nach dem Sein, von dem er gleich zu Beginn von *Sein und Zeit* sagt: »›Sein‹ ist nicht Seiendes.« (SZ 4) Die Seinsfrage, die sich in den Frühschriften in Gestalt des Kate-

gorienproblems ankündigte, führt im Anschluß an die Aus-
einandersetzungen mit Lask, Husserl und Dilthey über die
berühmten Aristoteles-Interpretationen zur existenzial-hermeneutischen Daseinsanalyse in *Sein und Zeit,* wo die Frage
nach dem »Sinn von Sein« zur philosophischen Leitfrage
erhoben wird.

In *Sein und Zeit* exponiert Heidegger diese Frage, die in einer
eigentümlichen Vergessenheit ruhen soll. Diese Frage, die
»das Forschen von *Plato* und *Aristoteles* in Atem gehalten
[hat], um freilich auch von da an zu verstummen« (SZ 2),
stellt nach Heidegger in der Gegenwart kein philosophisches
Problem mehr dar, und zwar trotz der vielbeschworenen
»Auferstehung der Metaphysik«[3]. Gleichwohl meint er, daß
wir mit ihr auf eine noch näher zu erörternde Weise vertraut
wären, wenn wir denn nur den Ausdruck »*seiend*« gebrau-
chen. »Jeder versteht: ›Der Himmel *ist* blau‹; ›ich *bin* froh‹ und
dgl.« (SZ 4) Ungeachtet solcher Vertrautheit mit der Seinsfrage sei jedoch der Sinn dieser Frage im Verlauf der Jahrhun-
derte verdeckt worden, so daß die »durchschnittliche Verständlichkeit [...] nur die Unverständlichkeit« demonstrieren
würde, die in dieser Problematik liegt. Deshalb gilt es, »*die
Frage nach dem Sinn von Sein* erneut zu stellen«, was »allererst wieder ein Verständnis für den Sinn dieser Frage« voraussetzt, das zu wecken Heidegger sich zur Aufgabe gestellt hat:
»Die konkrete Ausarbeitung der Frage nach dem Sinn von
›Sein‹ ist die Absicht der folgenden Abhandlung.« (SZ 1) Die
Seinsfrage ist für Heidegger »*die* Fundamentalfrage« der Philosophie.

Anders als die Metaphysik, die immer nur nach dem Sein des
Seienden gefragt habe, will Heidegger nach dem »Sinn von
Sein« fragen, wobei er unterstellt, daß sich diese Frage in einer nicht trivialen Weise beantworten läßt. Doch wonach
fragt man eigentlich, wenn man die Frage nach dem »Sinn
von Sein« stellt? Die Frage nach dem Sinn eines Ausdrucks,
wie Heidegger sie stellt, wenn er nach dem »Ausdruck ›seiend‹« fragt, scheint einen klaren Sinn zu haben: Hier wird

schlicht nach der Bedeutung des Ausdrucks gefragt. Doch
wonach fragt ein Sprecher, der nach dem »Sinn von Sein«
fragt? Wenn Heidegger gleich eingangs von *Sein und Zeit* der
Metaphysik vorwirft, sie frage nur nach dem Sein des Seienden und nicht nach dem »Sinn von Sein«, so kann mit diesem
Wort nicht das Wort selbst, also »Sein«, gemeint sein, da die
Rede vom »Sein« des Seienden keinen Sinn ergebe. Was aber
ist dann gemeint, wenn Heidegger die Frage des Aristoteles
(384–322 v. Chr.) nach dem »Seienden des Seienden« auf-
nimmt und wenn er dann unterstellt, daß das Sein das ist,
»was Seiendes als Seiendes« bestimmt? (SZ 6) Wonach also
fragt Heidegger, wenn er die Seinsfrage formuliert? Ganz offensichtlich nicht nach einem Stuhl oder einem Tisch. Doch
wonach fragt er dann?

Folgen wir Ernst Tugendhat, dann bleibt uns Heidegger eine
Antwort auf diese Frage schuldig, wobei er auf eine nicht aus-
gelotete Zweideutigkeit aufmerksam macht: Einerseits soll
Sein »Sein von Seiendem« sein, andererseits ist Heidegger am
»ist« orientiert und verbindet diese Orientierung mit der These, daß alles Verstehen ein Seinsverstehen sei.[4] Und weil Heideggers Versuch, die Rede vom Sein als einen universellen
Orientierungspunkt des philosophischen Fragens darzustel-
len, und seine These, daß in dem »ist« etwas zu finden sei,
was unserer gesamtes Verstehen möglich macht, sich als un-
plausibel erweisen, hat seine Seinsfrage keinen klar ausweis-
baren Sinn.

Nun war Heidegger in der Tat der Auffassung: »Sein [...] ›ist‹
nur im Verstehen des Seienden, zu dessen Sein so etwas wie
Seinsverständnis gehört« (SZ 183). Von daher wird man Tugendhats Behauptung nicht widersprechen können, daß Heidegger glaubt, all unser Verstehen werde durch dieses »ist«
getragen, und daß Heidegger unter diesem »ist« umstandslos
die Kopula, die Existenz, die Identität und das veritative »ist«
verrechnet, nur um sagen zu können, daß dem »ist« eine einheitliche und universelle Bedeutung zukommt. Gleichwohl
könnte sich der Frage ein ausweisbarer Sinn abgewinnen las-

sen, und zwar dann, wenn man sie als Frage nach der Begründungsmöglichkeit der traditionellen Ontologie versteht.

Deren Frage lautet: »Was gibt es?«, und sie beantwortet diese Frage mit einem einzigen Wort: »alles«.[5] Bei der Seinsfrage handelt es sich offensichtlich nicht um die Frage der traditionellen Ontologie. Denn im Unterschied zu dieser Ontologie, die eine spezielle »Ixhausen-Ontologie« voraussetzt, womit die Gesamtheit der Arten und Dinge gemeint ist, die es Ixhausen zufolge gibt, geht es der Fundamentalontologie nicht um jemandes privaten »Teilchenzoo«. Sie scheint eher eine Theorie darüber sein zu wollen, wie Paula Kunkel oder etablierte Wissenschaftler zu einer solchen Entitätenmenge kommen und welche Struktur sie hat. Die Fundamentalontologie wäre also eine Ontologie, die mit der Seinsfrage in einen Bereich hineinfragen will, der durch die traditionelle Ontologie gar nicht eigens thematisch wird. Oder anders: Die Fundamentalontologie will den Bereich erfragen, der der Frage im Rücken liegt, was »es gibt«. (SZ 7) Sie fragt nicht einfach danach, »was es gibt«, sondern nach den Bedingungen der Möglichkeit der Ontologie, und wäre insofern eine transzendentale Analyse im kantischen Sinne.

Die Frage nach den Bedingungen der Möglichkeit von Ontologie erscheint insofern nicht als unsinnig, als die durch diese Ontologie aufgestellte Liste dessen, was es gibt, sich nicht von selbst versteht. Wer über Kieselsteine, Frösche oder Götter redet, der muß seine Rede auch rechtfertigen können. Sobald es eine Diskussion darüber gibt, was es gibt, sind beide Arten von Ontologie im Spiel, die traditionelle, die die Frage danach beantwortet, was es gibt, und die Fundamentalontologie, die die Frage danach beantwortet, ob die Liste, die durch die traditionelle Ontologie aufgestellt wird, sich auch rechtfertigen läßt.

Für die traditionelle Ontologie hat Willard van Orman Quine (1908–2000) die Frage, was es gibt, mit Rekurs auf die Frage beantwortet, auf welche Weise man eine ontische Verpflichtung eingeht. Transparent lassen sich ontologische Verpflichtungen dadurch machen, daß die Aussagen über das, was es gibt, in einer kanonischen Notation vorliegen, also in quantorenlogischer Form. Durch Quantoren werden Variablen gebunden, und das Binden einer Variablen – also das Quantifizieren – kommt einer Existenzbehauptung gleich. »Sein heißt der Wert einer gebundenen Variablen« zu sein[6], oder in der Sprache der Schulgrammatik formuliert: »zu sein heißt im Referenzbereich eines Pronomens zu sein«[7].

Heidegger nun will die zweite Frage beantworten, die Frage, ob die Liste, die die traditionelle Ontologie aufstellt, sich auch begründen läßt, weshalb diese Ontologie auch keine bloß regionale Ontologie ist, sondern eben eine fundamentale Ontologie oder »Fundamentalontologie«. Damit ist die traditionelle Ontologie nicht entwertet. Dies wäre auch absurd. Was Heidegger für sich beansprucht, ist, diese Ontologie zu fundieren, was natürlich unterstellt, daß diese Ontologie fundierungsbedürftig und fundierungsfähig ist. Wenn man dies einmal mit Heidegger annimmt, erscheint auch die mit der Seinsfrage zusammenhängende Strategie nicht mehr absurd. Die Seinsfrage zielt dann »auf eine apriorische Bedingung der Möglichkeit nicht nur der Wissenschaften, die Seiendes als so und so Seiendes durchforschen und sich dabei ja schon in einem Seinsverständnis bewegen, sondern auf die Bedingung der Möglichkeit der vor den ontischen Wissenschaften liegenden und sie fundierenden Ontologie selbst« (SZ 11). Denn wenn »die Wissenschaften [...] Seinsweisen des Daseins« (SZ 13) sind und wenn das »es gibt« von diesem Dasein abhängig ist, erschließen sich die Seinsgebiete der jeweiligen Wissenschaften erst im Rückgang auf das Seinsverständnis derer, die sich in ihrer alltäglichen Existenz zu Seiendem in der Welt verhalten und die dann diesen naiven Umgang methodisch stilisieren und zur Präzisionsform der einzelnen Wissenschaften ausbauen.

Daher gilt es, in transzendentaler Einstellung hinter die von der Transzendentalphilosophie am Leitfaden der Wissenschaften freigelegte kategoriale Verfassung des Seienden zu-

rückzufragen. Denn die Analyse dieses vorgängigen Seinsverständnisses wird erst mit jenen Strukturen des In-der-
Welt-Seins thematisch, die Heidegger *Existenzialien* nennt,
weshalb die existenziale Analytik des In-der-Welt-Seins auch
den Namen einer fundamentalen Ontologie verdient.

Dasein und Sinn

Nun ist auch hier der Begriff »Sinn« nicht eben ein eindeuti-
ger Begriff. Zudem hätte er im Rahmen der Fundamentalontologie nur dann den Status eines philosophischen Grundbe-
griffs, wenn der Nachweis erbracht werden kann, daß mit
seiner Hilfe die Struktur eines ganzen Gegenstandsbereiches
beschreibbar ist und nicht nur einzelne seiner Momente. Und
genau diesen Nachweis will Heidegger in *Sein und Zeit* an-
treten. Auf die Frage: »An *welchem* Sein soll der Sinn von Sein
abgelesen werden?« antwortet er: »Am Dasein«. (SZ 7) Dem
Dasein, das dadurch »ontisch ausgezeichnet ist, [daß] es diesem Seienden in seinem Sein *um* dieses Sein selbst geht«
(SZ 12), kommt eine privilegierte Stellung zu, weil das Dasein
einen ausgezeichneten Bezug zur Seinsfrage und die an sie
angeschlossene Frage nach der Möglichkeit des Sinnverstehens hat. Nur insofern »Dasein *ist,* das heißt die ontische
Möglichkeit von Seinsverständnis, ›gibt es‹ Sein« (SZ 212).
Denn allein diesem »Seienden eignet, daß mit und durch dieses Sein dieses ihm selbst erschlossen ist«. Das Dasein hat
»immer schon« ein Seinsverständnis. »Und dies wiederum
besagt: Dasein versteht sich in irgendeiner Weise und Ausdrücklichkeit in seinem Sein.« (SZ 12)
Heideggers Antwort auf die Frage, an welchem Sein sich der
»Sinn von Sein« ablesen lassen soll, kann deshalb so bündig
ausfallen, weil dieses Seinsverständnis »immer schon in gewisser Weise verfügbar« sein muß; anderenfalls ließe sich die
Frage nach dem »Sinn von Sein« nicht stellen. Dies gilt selbst
dann, wenn wir nicht in der Lage sind, die Frage, »was ›Sein‹

besagt«, positiv zu beantworten. Allein schon mit der Frage
»was *ist* ›Sein‹? halten wir uns in einem Verständnis des ›ist‹,
ohne daß wir begrifflich fixieren könnten, was das ›ist‹ bedeutet«, wobei nach Heidegger »*dieses durchschnittliche und va-
ge Seinsverständnis [...] ein Faktum*« ist. (SZ 5) Gemäß der
für die Daseinsanalyse konstitutiven Unterscheidung von
Sein und Seiendem, die Heidegger später als ontisch-ontolo-
gische Differenz bezeichnet, kann demnach das Dasein als
ein Seiendes bestimmt werden, »das nicht nur unter anderen
Seienden vorkommt«. Die wirkliche ontische Auszeichnung
des Daseins liegt vielmehr darin, »daß es ontologisch *ist*«.
Denn das »*Seinsverständnis ist selbst eine Seinsbestimmtheit
des Daseins*«. (SZ 12)
Dasein bedeutet Offenstehen im und für das Sein. Es ist jene
Stätte, die Heidegger die der *Seineröffnung* nennt. So ist
auch die Kategorienlehre, die traditionell mit der Ontologie
und damit mit der Frage nach dem Sein des Seienden zusammenfällt, an die Ontologie des Daseins zurückgebunden –
was analog für die Bedeutungslehre gilt, insofern die Kategorienlehre im Rahmen der *grammatica speculativa* auf die
Bedeutungslehre ausgedehnt wird. Wollte Heidegger im Scotus-Buch noch die Sprachphilosophie auf der Grundlage der
Bedeutungslehre erneuern, sollen nun letzte ontologische
Fundamente des Verstehens angegeben werden. Die Bedeutungslehre, die traditionell die Bedingungen der Möglichkeit
einer philosophischen Beschäftigung mit Sprache festlegt,
fällt unter die Bedingungen der Existenzialontologie.
Gemäß der von Heidegger ins Auge gefaßten Aufgabe muß
diese Ontologie, so sie wirklich Fundamentalontologie sein
will und nicht positive Wissenschaft, die Gestalt einer *existenziale Analytik* annehmen, weil die Aufklärung des Sinns von
Sein nur über das Dasein führt. Denn wenn das Dasein sich
selbst auslegt, wird aus der transzendentalen Reflexion eine
existenziale Explikation, die von Heidegger im Rahmen einer
existenzialen Analytik entfaltet wird. Damit treten an die Stelle des Selbstbewußtseins die Auslegung eines vorontologi-

schen Seinsverständnisses und die Explikation von Sinnzu-
sammenhängen, in denen sich die alltägliche Existenz immer
schon vorfindet. Der Selbstbeziehung des erkennenden Subjekts stellt Heidegger das existenziell um sein Sein besorgte
Dasein gegenüber, das, in konkrete Weltbezüge eingelassen,
sich in seinem Tun zu sich und zu anderen verhält.

Heidegger löst also das transzendentale Subjekt, in dessen
Adern kein echtes Blut, sondern nur der »verdünnte Saft von
Vernunft als bloßer Denktätigkeit«[8] fließt, auf und ersetzt es
durch ein Dasein, das er mit der tiefergreifenden Begrifflichkeit einer transzendental verfahrenden Existenzialontologie so zu beschreiben gedenkt, daß all die Erfahrungsberei-
che, die die konstitutiven Leistungen des transzendentalen
Ich systematisch überforderten, in der Begrifflichkeit einer
transzendental verfahrenden Existenzialontologie thematisch werden können. Gleichzeitig hält er an der transzendentalen Einstellung einer reflektierenden Aufklärung der Bedingungen der Möglichkeit des Daseins als In-der-Welt-Sein fest,
jedoch so, daß er der transzendentalen Fragestellung einen
ontologischen Sinn verleiht.

Die Fundamentalontologie muß »in der *existenzialen Analytik des Daseins* gesucht werden« (SZ 13). An diese existenziale Analytik des Daseins ist auch die *Bedeutungslehre* gebunden. »Die Bedeutungslehre ist in der Ontologie des Daseins
verwurzelt. Ihr Gedeihen und Verderben hängt am Schicksal
dieser.« (SZ 166) Die Sprachphilosophie, die sich im Scotus-
Buch noch auf die Bedeutungslehre gründete, muß nun »letzte Fundamente« für die Sprache angeben. Diese letzten Fundamente sind nun allerdings nicht mehr von der Bedeutungslehre in Gestalt einer *grammatica speculativa* abhängig,
sondern von einer Bedeutungslehre, die Bestandteil einer
pragmatischen Zeichentheorie ist und im Rahmen der »Zeuganalyse« entfaltet wird. Und insofern diese Bedeutungslehre
sowohl der Mitseinsanalyse als auch jenen Paragraphen vorgeordnet ist, in denen Heidegger seine Auffassung über das
»Wesen der Sprache« darlegt, ja, da bei Heidegger sogar die

»Bedeutungen« das »mögliche Sein von Wort und Sprache fundieren« sollen, die »Bedeutungen« durch das »verstehende Dasein als auslegendes« (SZ 87) erschlossen werden, beginnen wir mit der Diskussion der Zeuganalyse, wie sie von Heidegger in *Sein und Zeit* vertreten wird.

Welt, Zeichen und Bedeutung

Heidegger entwickelt seine Zeuganalyse unter der Überschrift »Die Idee der Weltlichkeit der Welt überhaupt«. Hier soll das In-der-Welt-Sein hinsichtlich des »Strukturmoments ›Welt‹ sichtbar gemacht werden«, das nach Heidegger alle bisherige Ontologie durch die Orientierung am »Primat des Theoretischen« zusammen mit dem Phänomen »Weltlichkeit« übersprang – René Descartes (1596–1650), der auf dem Weg des radikalen Zweifels zur Weltlichkeit der Welt vordringen wollte, hat hierfür die Weichen gestellt. Den vermeintlichen Primat des Erkennens vor dem Handeln will Heidegger brechen, indem er auf pragmatische Verhaltensweisen des Menschen rekurriert. Im »gebrauchenden Besorgen« ist der Mensch als Handelnder in der Welt, die den sinnerschließenden Horizont bildet, innerhalb dessen sich Seiendes dem existenziell um sein Sein besorgten Dasein entzieht und offenbart. »Der Mensch ›ist‹ nicht und hat überdies noch ein Seinsverhältnis zur ›Welt‹, die er sich gelegentlich zulegt. Dasein ist nie ›zunächst‹ ein gleichsam in-sein-freies Seiendes, das zuweilen die Laune hat, eine ›Beziehung‹ zur Welt aufzunehmen. Solches Aufnehmen von Beziehungen zur Welt ist nur möglich, *weil* Dasein als In-der-Welt-sein ist, wie es ist.« (SZ 57)

Gegen die Annahme eines idealistisch stilisierten Erkenntnissubjekts, das sich zur Welt wie zu einer Totalität von erkennbaren Gegenständen verhält, um sich darin selbst zu vergegenständlichen, unterstreicht der Ausgang vom In-der-Welt-Sein den Zug des In-Seins als solchen, der das gestimmte

Sichbefinden des Daseins inmitten von Seiendem und damit die Unmöglichkeit betont, sich »das Ganze des Seins als Gegenstand zu denken«[9]. »Welt als Ganzes ›ist‹ kein Seiendes, sondern das, aus dem her das Dasein *sich zu bedeuten gibt,* zu welchem Seienden und wie es sich dazu verhalten kann.« (GA 9, 157)

Der Mensch, der »immer schon« in der Welt ist, erschließt sich die Welt nicht als Erkennender, sondern als Handelnder. Nicht die Praxis gründet in der Theorie, vielmehr gründet diese in jener. »Das Erkennen *schafft* [...] weder allererst ein ›commercium‹ des Subjekts mit einer Welt, noch *entsteht* dieses aus einer Einwirkung der Welt auf das Subjekt. Erkennen ist ein im In-der-Welt-sein fundierter Modus des Daseins«, weshalb das In-der-Welt-Sein als Grundverfassung des Daseins eine hermeneutisch-pragmatische Interpretation und keine erkenntnistheoretische verlange – was mit einer Kritik an Descartes verbunden ist, der das Subjekt »als weltlose res cogitans« interpretierte. (SZ 211) Mit dem Argument, daß das Erkennen in einem »Schon-sein-bei-der-Welt« gründet, will Heidegger zeigen, daß allein das »hantierende, gebrauchende Besorgen« die Weltlichkeit von Welt angemessen aufklären kann.

Dieses gebrauchende Besorgen wird im § 14 im Hinblick auf das »Zeug« näher erläutert. Allein das »Zeug«, das als »Zuhandenheit« bestimmt wird, kann das thematisch machen, was in der theoretischen Einstellung systematisch übersprungen wird: »das Verstehen von so etwas wie ›Welt‹ und Verstehen des Seins des Seienden, das innerhalb der Welt zugänglich ist« (SZ 12 f.). All unser Verstehen gründet für Heidegger in pragmatischen Handlungsvollzügen. Sowohl das praktische Verstehen von Handlungen als auch das sprachliche Verstehen von Äußerungen hat demnach seinen Ursprung im gebrauchenden Besorgen und ist deshalb von diesem abkünftig.

Soll diese These mehr als eine Versicherung sein, dann muß die Zeuganalyse, die sich am Modell der teleologischen Verweisung und damit an der Zweck-Mittel-Dialektik orientiert, eine Fassung erhalten, die dem Weltbegriff der Subjektphilosophie überlegen ist. Gleichzeitig muß das Zeichen- und Bedeutungsverstehen im Rahmen des teleologischen Handlungsmodells gelöst werden können. Dies erweist sich jedoch als unmöglich. Denn obgleich die pragmatische Zeuganalyse die Subjekt-Objekt-Relation der neuzeitlichen Erkenntnistheorie durch die Freilegung eines ontologischen Vorverständnisses fundamentalontologisch unterlaufen will, bleibt auch sie in den Zwängen der Subjektphilosophie gefangen.

Gemäß der Zeuganalyse gilt ja: »*Ein* Zeug ›ist‹ strenggenommen nie. Zum Sein von Zeug gehört je immer ein Zeugganzes, darin es dieses Zeug sein kann, das es ist. Zeug ist wesenhaft ›etwas, um zu ...‹. Die verschiedenen Weisen des ›Um-zu‹ wie Dienlichkeit, Beiträglichkeit, Verwendbarkeit, Handlichkeit konstituieren eine Zeugganzheit. In der Struktur ›Um-zu‹ liegt eine *Verweisung* von etwas auf etwas.« (SZ 68) Diese Verweisung, die die »ontologische ›Voraussetzung‹ des Zuhandenen« ist und damit »zugleich Konstituens der Weltlichkeit überhaupt«, gilt es im Rahmen einer »Verweisungsmannigfaltigkeit« mit holistischem Zuschnitt phänomenal in den Blick zu bringen. »Der phänomenologische Aufweis des Seins des nächstbegegnenden Seienden bewerkstelligt sich am Leitfaden des alltäglichen In-der-Welt-seins, das wir *Umgang in* der Welt und *mit* dem innerweltlichen Seienden nennen.« (SZ 66 f.) Am Beispiel des Hämmerns mit einem Hammer macht Heidegger deutlich, daß das hantierende Besorgen seine eigene Sicht hat, eine Sicht, die nicht nur die spezifische Handlichkeit des Hammers entdeckt, sondern generell eine »Verweisungsganzheit« – und eben damit auch die Weltlichkeit der Welt. »Der gebrauchend-hantierende Umgang ist aber nicht blind, er hat seine eigene Sichtart, die das Hantieren führt und ihm seine spezifische Dinghaftigkeit verleiht. Der Umgang mit Zeug unterstellt sich der Verweisungsmannigfaltigkeit des ›Um-zu‹. Die Sicht eines solchen Sichfügens ist die *Umsicht*.« (SZ 69)

Aus dieser These will Heidegger zeichentheoretisches Kapital schlagen. Dazu muß Zeichenstiftung und Zeichengebrauch auf das »besorgende In-der-Welt-sein« appliziert werden. Schon in der Vorlesung *Prolegomena zur Geschichte des Zeitbegriffs* hieß es diesbezüglich: »So ist alles Zeichennehmen, Zeichengebrauch, Zeichenstiftung nur eine bestimmte Ausformung des spezifischen Besorgens der Umwelt, sofern sie verfügbar sein soll.« (GA 20, 285) Auch Zeichen-Zeuge sind durch »Verweisung konstituiert«, auch für sie gilt, daß sie als »bestimmte Zeuge« als etwas fungieren, »was die ontologische Struktur der Zuhandenheit, Verweisungsganzheit und Weltlichkeit anzeigt«. (SZ 82) Was Heidegger näherhin unter »Verweisung« versteht, machen ebenfalls die Marburger Vorlesungen aus dem Sommersemester 1925 deutlich: »Die Verweisung, die wir im Auge haben, als Begegnisstrukturmoment der Welt, bezeichnen wir nun genauer als ›bedeuten‹. Die so bestimmte Begegnisstruktur in Verweisungen als bedeuten nennen wir die ›*Bedeutsamkeit*‹ [...]. Dieser Ausdruck ist nicht der beste, aber ich habe seither, seit Jahren, keinen anderen gefunden, vor allem keinen solchen, der einem wesentlichen Zusammenhang des Phänomens mit dem, was wir als Bedeutung im Sinne der Wortbedeutung bezeichnen, Ausdruck gibt.« (GA 20, 275)

Nun ist dieser Ausdruck in der Tat nicht der beste, um den »wesentlichen Zusammenhang des Phänomens mit dem« zu erklären, was Heidegger die »Bedeutung im Sinne der Wortbedeutung« nennt. Daß er keinen besseren Ausdruck gefunden hat, ist jedoch kein terminologisches, sondern ein sachliches Problem, das mit dem Versuch zusammenhängt, intersubjektiv teilbare Bedeutungen als etwas der Sprache Zugrundeliegendes auszuzeichnen. Die Unangemessenheit dieses Versuchs resultiert aus den Prämissen der Zeichentheorie selbst. Zeichen versteht Heidegger ebenfalls als »Zeuge, deren spezifischer Zeugcharakter im *Zeigen* besteht« (SZ 77). Diesen Gedanken hat Heidegger am Beispiel eines roten, drehbaren Pfeils erläutert, der seinerzeit an Kraftfahrzeugen angebracht war, um die Fahrtrichtungsänderung anzuzeigen. Von diesem »Zeiger« macht nicht nur der Kraftfahrer Gebrauch, um anzuzeigen, daß er die Fahrspur wechseln oder nach rechts bzw. nach links abbiegen will, sondern auch andere Verkehrsteilnehmer. Und das können sie, weil jener rote, drehbare Pfeil ein Zeichen ist, dessen Bedeutung im Zusammenhang »von Verkehrsmitteln und Verkehrsregeln« konventionell festgelegt ist.

»Als ein Zeug ist dieses Zeigzeug durch Verweisung konstituiert. Es hat den Charakter des Um-zu, seine bestimmte Dienlichkeit, es ist zum Zeigen. Diese Zeuge des Zeichens kann als ›verweisen‹ gefaßt werden.« (SZ 78) Dieses Verweisen, so Heidegger, ist nun aber nicht mit der ontologischen Struktur des Zeichens als Zeug zu verwechseln. Es ist auch nicht auf diese zurückzuführen. Gerade das Umgekehrte soll gelten: Das Verweisen gründet nicht in der ontologischen Struktur des Zeichens als Zeug, sondern in der »Seinsstruktur« eines speziellen Zeugs, dessen Charakteristikum darin besteht, dienlich zu sein – wobei im vorliegenden Fall des roten, drehbaren Pfeils diese »Dienlichkeit« darin besteht, die Absicht des Kraftfahrers anzuzeigen, die Fahrtrichtung zu ändern.

Nun sagt Heidegger aber auch, daß der Hammer ein Zeug sei. Kategorial lassen sich jedoch auf der Ebene der »Dienlichkeit« der Hammer als Zeug und das Zeichen als Zeug gar nicht unterscheiden. Auch der Hammer dient ja, »um« (einen Nagel in die Wand) »zu« (schlagen). Damit wird er freilich noch lange nicht zum Zeichen, das allein deshalb Zeichen ist, weil es auf etwas *verweist*. In der »Verweisung auf« besteht nach Heidegger der »eigenartige Zeugcharakter des Zeichens«. (SZ 80) Die »Verweisung als Dienlichkeit« und »Dienlichkeit« verstanden als »ontologische Bestimmung des Zeugs als Zeug« (SZ 78) werden also von Heidegger von einer »Verweisung als Zeug« klar unterschieden. Sie fallen nicht unter dem Begriff der »Dienlichkeit« zusammen. Denn das Zeichen hat trotz der hervorgehobenen Gemeinsamkeit mit anderem »Zeug« einen »ausgezeichneten Bezug zur Seinsart des je umweltlich zuhandenen Zeugganzen und seiner Weltmäßigkeit« (SZ 79), die darin bestehen soll, daß das Zeichen im »besorgenden Umgang eine *vorzügliche* Verwendung« hat: Es macht einen Zusammenhang zugänglich und gibt dem Dasein eine »Orientierung«. Der »eigenartige Zeichencharakter« des Zeichens besteht demnach darin, daß das »Zeichen [...] nicht nur zuhanden [ist] mit anderem Zeug, sondern in seiner Zuhandenheit wird die Umwelt je für die Umsicht ausdrücklich zugänglich. *Zeichen ist ein ontisch Zuhandenes, das als dieses bestimmte Zeug zugleich als etwas fungiert, was die ontologische Struktur der Zuhandenheit, Verweisungsganzheit und Weltlichkeit anzeigt.*« (SZ 82)

Sieht man nun einmal davon ab, daß Heideggers These, »Hammer-zu-sein besteht im ›Hämmern‹«, in dieser saloppen Form alles andere als plausibel ist, da ja der Hammer auch Hammer bleibt, wenn Peter mit diesem Hammer Paul den Kopf einschlägt, dann ist zunächst klar, daß sich Heidegger hier bemüht, Zeichen-Zeuge begrifflich von anderen Zeugen, etwa von Werk-Zeugen, auf einer handlungstheoretischen Grundlage zu unterscheiden. Handlungstheoretisch ist diese Grundlage deshalb zu nennen, weil es immer die Sphäre des Handelns ist, die das methodische Fundament darstellt, aus dem kognitive und operative Modi abgeleitet werden sollen. Auch für die Differenzierung von Zeichen-Zeugen und Werk-Zeugen rekurriert Heidegger im Rahmen der Lebensweltanalyse auf Handlungsvollzüge, genauer, auf die Zuhandenheit, in der die Umwelt für die Umsicht im Handeln zugänglich wird.

Der Gewinn gegenüber der phänomenologischen Zeichentheorie von Husserl liegt auf der Hand. Im Gegensatz zu Husserl, dem zufolge Zeichen für einen Gegenstand stehen, ohne daß er sich im mindesten für die Zeichenverwendung interessierte, bezieht sich Heidegger von Anfang an auf die Verwendung von Zeichen. Und da das, wozu ein Zeichen verwendet wird, nichts anderes ist als seine Funktion, ist die Funktion des Zeichens mit Rekurs auf die Zeichenverwendung, auf den

Gebrauch zu erklären. Zwar knüpft Heidegger »für die Analyse von Zeichen und Bedeutung« unmittelbar an die erste Untersuchung im zweiten Band der *Logischen Untersuchungen* an, in der Husserl seine Zeichen- und Bedeutungstheorie entwickelt. Heidegger gibt jedoch der Zeichenproblematik mit dem Verweis, daß das »Zeigzeug im besorgenden Umgang eine vorzügliche Verwendung« besitzt, eine pragmatische Wendung. Damit hat er seine Zeichentheorie zunächst auf eine weniger gefahrenreiche Basis gestellt als Husserl. Letzterer hat in der ersten Untersuchung Zeichen und Bedeutungen vermittels der Zuordnung zu zwei verschiedenen Reichen unterschieden, dem des empirisch-faktischen Zeichengebrauchs und dem der reinen Bedeutungen, auf die sich die intentionalen Akte beziehen, welche so die Vermittlung der unvermittelten Reiche bewerkstelligen sollen. Dennoch vermag Heidegger sich nicht von der gegenstandstheoretischen Zeichen- und Bedeutungstheorie zu emanzipieren, da er Husserls Intentionalitätstheorie im Grunde nur pragmatisch untermauert und auf das Besorgen ausdehnt. Denn bei allen Unterschieden im Detail, daß die »›Bedeutungen‹ [...] das mögliche Sein von Wort und Sprache fundieren« (SZ 87), daran hat Heidegger genausowenig gezweifelt wie Husserl.

Zwar behauptet Heidegger: »Den Bedeutungen wachsen Worte zu.« (SZ 161) Solange aber nicht klar ist, wie und von wo die Bedeutungen den Worten zuwachsen, solange nicht klar ist, wie der Zeichencharakter der Sprache dem der Bedeutung nachgeordnet sein kann, ohne daß wie im Scotus-Buch ein Dualismus zwischen den sinnlich gegenständlichen Sprachelementen einerseits und den zeitlos identischen Bedeutungen andererseits postuliert werden müßte – was zwangsläufig die leidige Frage nach der Vermittlung nach sich zieht, die dann nur noch vermittels der bedeutungsverleihenden Akte erklärt werden kann –, solange hängt die These in der Luft, daß den Bedeutungen Worte zuwachsen.

Problematisch ist also zunächst nicht der Pragmatismus in der Zeichen- und Bedeutungstheorie. Problematisch ist die ontologische Deutung der Unterscheidung von Zeichen und Bedeutung, die eine ontologische Deutung der Zeichenbedeutung bedingt; und problematisch ist außerdem, daß Heidegger den Werkzeugcharakter des Zeugs auf den Zeichencharakter des Zeugs projiziert. Heidegger ist offenkundig der Auffassung, daß der Zeichensinn sich aus dem Handlungssinn ableiten läßt. Aus der richtigen Feststellung, daß Sinnprobleme Verstehensprobleme sind, schlußfolgert er nicht nur, daß alles Verstehen Sinnverstehen ist, sondern auch, daß der Zeichensinn, also der »Sinn und die Bedeutung von ...«, sich aus dem Handlungssinn, also aus der »Bedeutsamkeit für ...«, ableiten läßt. Heidegger meint anscheinend, den Zeichensinn und damit das Bedeutungsverstehen auf die zweckrationale Erzeugung von Handlungseffekten zurückführen zu können. Analog zur intentionalistischen Semantik ist er damit genötigt, die zeichenvermittelte Kommunikation auf strategische Interaktion zu reduzieren. Dies hat zur Konsequenz, daß die Bedeutungs*intention* gegenüber der Bedeutungs*konvention* dominiert, so daß die Bedeutung sprachlicher Zeichen als *Mittel* zur Enthüllung von Intentionen expliziert werden muß. Damit bleibt jedoch Heideggers Zeichenanalyse den grundbegrifflichen Zwängen der Bewußtseinsphilosophie verhaftet. Die Kosten für die Widerlegung des Platonismus liegen in einem Intentionalismus, der aus der »Sorgestruktur des Daseins« nicht nur eine notwendige, sondern eine hinreichende Bedingung der Möglichkeit des sprachlichen Bedeutungsverstehens überhaupt macht.[10]

Dieser Intentionalismus ist auch der Grund, warum Heidegger im Unterschied zu Wittgenstein an jenen konventionellen Regeln, die die Bedeutungen von Zeichen festlegen, kein Interesse hat. Da Heidegger sich in seiner Zeichenanalyse von der Voraussetzung leiten läßt, daß die »Bedeutsamkeit« als das »Bezugsganze« des Bedeutens in sich die »ontologische Bedingung der Möglichkeit« birgt, »daß das verstehende Dasein als auslegendes so etwas wie ›Bedeutungen‹ erschließen kann, die ihrerseits wieder den möglichen Sinn von Wort und Sprache fundieren« (SZ 87), ist er nicht nur gezwungen, wie Husserl von einem transzendentalen Primat der Bedeutung gegenüber dem Zeichen auszugehen, sondern auch die Bedeutung gegenüber der sprachlich erzeugten Intersubjektivität der Verständigung als originär anzusetzen – es ist sicher kein Zufall, daß die Intersubjektivitätstheorie erst nach der Zeichentheorie entwickelt wird, nämlich im Rahmen der Mitseinsanalyse.

Heidegger, der die Identität der Bedeutungen nicht mehr wie Husserl aus der intentionalen Struktur des Bewußtseins erklären will, sie aber aus den Sprachspielen nicht erklären kann, ist deshalb zu einer ontologischen Deutung gezwungen, weil er die Bedeutung sprachlicher Ausdrücke ohne Bezug auf die intersubjektive Verwendungsweise innerhalb eines Sprachspiels sichern zu können glaubt. Und genau dies erweist sich als Fehlschluß. Die Bedeutung sprachlicher Ausdrücke läßt sich nämlich nicht durch eine ontologisch interpretierte Verweisung erklären, sondern nur durch die Geltung einer Regel. Im Begriff der Regel vereinigt sich die Identität der Bedeutung mit der Intersubjektivität ihrer Geltung; sie erläutern sich wechselseitig. Mit dem Begriff »einer Regel folgen« kann die Identität der Bedeutung auf die Fähigkeit zurückgeführt werden, einer intersubjektiv geltenden Regel mit einem weiteren Ko-Subjekt zu folgen. Diese Möglichkeit wird von Heidegger allerdings gar nicht erst erwogen. Denn dies zöge die Anerkennung der These nach sich, daß das hermeneutische Verstehen an eine symmetrische Sprecher-Hörer-Beziehung gebunden ist und daß es ohne Öffentlichkeit überhaupt keinen hermeneutischen Raum des Verstehens gibt.

Obwohl auch Heidegger im Rahmen der Zeuganalyse auf die pragmatische Dimension der Zeichenfunktion stößt, obwohl auch er sieht, daß der adressierende Charakter des Zeichens nicht »erfaßt« wird, »wenn wir es anstarren« und als »vorkommendes Zeigding feststellen«, schlußfolgert er, daß die

Verweisung, weil sie »nicht die ontologische Bestimmung des Zuhandenen« sein kann, da sie die »Zuhandenheit selbst konstituiert«, als »be-deuten« etwas sein muß, was einer intersubjektiv geteilten Sprache vorausliegt, ja, Sprache als Sprache erst konstituiert. Im Gegensatz zu Charles S. Peirce (1839–1914), der ein dreistelliges Modell der Zeichenverwendung benutzt und die Analyse sprachlicher Bedeutungen von vornherein auf die Idee der Verständigung von Kommunikationsteilnehmern über etwas in der Welt bezieht, und anders auch als Charles Morris (1901–1979), der im Anschluß an Peirce' Definition des Zeichens vorschlägt, alles Zeichen zu nennen, was aufgrund einer sozialen Konvention als etwas aufgefaßt werden kann, was für etwas anderes steht – und damit von einem Interpreten auch als Zeichen für etwas interpretiert werden kann[11] –, gibt Heidegger der Zeichenproblematik eine ontologische Deutung.

Damit kann er seiner Zeichentheorie keine Theorie des Codes zur Seite stellen, die auf jede Art von Zeichenfunktion anwendbar wäre, egal, ob es sich um verbale oder nonverbale Zeichen handelt. So hat denn zwar Heidegger innerhalb der Zeuganalyse Werkzeuge von Zeigzeugen begrifflich auseinandergehalten. Selbst »Anzeichen« kann er im Anschluß an Husserl als Zeichen begreifen. Dieser Gewinn fällt jedoch den Konstruktionsnöten der Fundamentalontologie zum Opfer, insofern Zeichen von Nicht-Zeichen in der von Heidegger vorgeschlagenen Art unterschieden werden. Denn so richtig es ist, daß der Zeichengebrauch nicht auf dem Weg »theoretischen Spekulierens« erklärt werden kann, sowenig folgt daraus, daß der Zeichensinn mit dem Handlungssinn zusammenfällt – geschweige, daß die Bedeutungen »das mögliche Sein von Wort und Sprache fundieren« (SZ 87).

Und Heidegger selbst hat später auch bemerkt, daß das Fundierungsverhältnis zwischen Zeichen und Bedeutung so nicht zu halten ist. In seinem Handexemplar von *Sein und Zeit* hat er angemerkt: »Unwahr. Sprache ist nicht aufgestockt, sondern *ist* das ursprüngliche Wesen der Wahrheit als Da.«

(SZ 442) Ja, schon im Fortgang der Untersuchung wird diese von aller Empirie gereinigte Form der Bedeutung durch eine pragmatische Deutung zurückgenommen. Freilich mit der Konsequenz, daß nun die Zeichenproblematik ihre Relevanz für das Problem von Sprache und Verstehen gänzlich verliert. Und so ist das, was Heidegger ontologisch aufklären wollte – die »erschlossene Bedeutsamkeit«, die »als existenziale Verfassung des Daseins, seines In-der-Welt-seins, die ontische Bedingung der Möglichkeit der Entdeckbarkeit einer Bewandtnisganzheit« ist –, am Ende mit dem Dasein einfach als faktisch unterstellt.

Sprache und Verstehen

»*Verstehen ist das existenziale Sein des eigenen Seinkönnens des Daseins selbst, so zwar, daß dieses Sein an ihm selbst das Woran des mit ihm selbst Seins erschließt.*« (SZ 144) Dieses Verstehen ist »entweder eigentliches, aus dem eigenen Selbst als solchem entspringendes, oder uneigentliches«. Der von Heidegger so eingeführte Verstehensbegriff bezieht sich also zunächst einmal auf das »Verstehen der Existenz«. Nicht mit Rekurs auf einen sprachlich geteilten Sinn wird der Verstehensbegriff eingeführt, sondern mit Rekurs auf das *praktische Selbstverständnis*, aus dem wir uns als der und der verstehen. Erst wird der Begriff des praktischen Selbstverständnisses eingeführt, und dann wird der Verstehensbegriff auf das praktische und das hermeneutische Verstehen erweitert. »Sinn ist das, worin sich Verständlichkeit von etwas hält.« Und diesen »Sinn ›hat‹ nur das Dasein [...]. *Nur Dasein kann daher sinnvoll oder sinnlos sein.*« (SZ 151)
Dieses Verstehen der je eigenen Existenz hat eine zirkuläre Struktur, die zur »Struktur des Sinnes« gehört und in der »existenzialen Verfassung des Daseins, im auslegenden Verstehen verwurzelt ist« (SZ 153). Den Zirkel gilt es nicht zu vermeiden; es geht vielmehr darum, auf die »rechte Weise«

hineinzukommen, da sich in ihm »eine positive Möglichkeit ursprünglichsten Erkennens« verbirgt.

Nachdem Heidegger den Begriff des Verstehens im Rückgriff auf die je eigene Existenz eingeführt hat, thematisiert er die Sprache. Im § 34 von *Sein und Zeit*, betitelt »Dasein und Rede: Die Sprache«, entwickelt er seine Auffassung über das »Wesen der Sprache«.[12] Zunächst jedoch grenzt er seine Position von Sprachkonzepten ab, die die Sprache »am Leitfaden der Idee des ›Ausdrucks‹, der ›symbolischen Form‹, der Mitteilung als ›Aussage‹, der ›Kundgabe‹ von Erlebnissen oder ›Gestaltung‹ des Lebens« (SZ 163) begreifen, von Sprachkonzepten also, die sich mit den Namen von Ernst Cassirer (1874–1945), Husserl, Frege, Rudolf Carnap (1891–1970), Dilthey oder Nietzsche verbinden lassen. Gegenüber diesen, den grundbegrifflichen Zwängen der Bewußtseinsphilosophie verhafteten Betrachtungsweisen von Sprache wendet Heidegger ein, daß hier das »Wesen der Sprache« allein mit Bezugnahme auf das kognitive Weltverhältnis bestimmt wird. Indem sich die Rede so auf die Feststellung von Tatsachen konzentriert, ebnet sie nicht nur die Komplexität der Weltbezüge zugunsten des einen Bezugs zur Welt ein, sondern unterschlägt auch den nichtstrategischen Sinn der in der Sprache erzielten intersubjektiven Verständigung. Damit bleibt der logisch-ontologische Status der Sprache völlig im unklaren.

Es ist die mit der antiken Ontologie vorherrschend gewordene und die weitere abendländische Tradition bestimmende Tendenz, die Sprache am Leitfaden des Logos zu interpretieren, die Heideggers Kritik herausfordert. Denn den Logos als genuinen Zugang zum eigentlichen Seienden und über die kategoriale Bestimmung des Seins dieses Seienden auszulegen heißt, sich von vornherein des Problems zu entledigen, um dessen Klärung es Heidegger geht: die Analyse des vorontologischen Seinsverständnisses, das die tatsachenfeststellende Rede überhaupt erst ermöglicht. Dieses Problem kann im begrifflichen Kontext der Bewußtseinsphilosophie nicht befriedigend behandelt werden. Da diese für die philosophische Behandlung des Logos wesentlich die Aussage in den Blick genommen hat, hat sie auch die Grundstrukturen der Formen und Bestandteile der Rede am Leitfaden dieses Logos ausgearbeitet.

Problematisch an dieser subjektphilosophischen Deutung der Sprache, die mit der monopolistischen Auszeichnung der tatsachenfeststellenden Rede parallel geht, ist für Heidegger dreierlei: Erstens wird Sinn hier auf die Bedeutung von Urteilsgehalten beschränkt, zweitens sind die in Aussagen erhobenen Wahrheitsansprüche auf spezifische Weise mit je konkreten Weltbezügen verschränkt, die als solche aber nicht thematisch werden, und drittens ist der in Aussagen erhobene Wahrheitsanspruch nicht der einzige Anspruch, der sich mit Sprechhandlungen erheben läßt. Heidegger kennt nicht nur die Klasse der Konstativa. Er weiß, daß zum Beispiel »Aufforderungen«, »Befehle« und »Wünsche«, also die in regulativen und expressiven Sprachhandlungen erhobenen Geltungsansprüche der Wahrhaftigkeit und der normativen Richtigkeit, sich nicht umstandslos in das Schema der konstativen Sprachhandlungen pressen lassen. Zwar unterscheidet und analysiert Heidegger nicht ausdrücklich Konstativa, Regulativa und Expressiva. Doch soviel ist auch im Kontext von *Sein und Zeit* klar: Soll überhaupt über etwas In-der-Welt-Seiendes gesprochen werden, muß dieses Etwas, das »*Worüber* der Rede«, bereits erschlossen sein.

Heidegger meint, daß »das mögliche Worüber einer prädikativen Bestimmung *vor* dieser Prädikation und *für* sie schon offenbar sein [muß]. Prädikation muß, um möglich zu werden, sich in einem Offenbarmachen ansiedeln können, das *nicht prädikativen* Charakter hat. Die Satzwahrheit ist [...] in der vorprädikativen Offenbarkeit *von Seiendem* gewurzelt, die *ontische Wahrheit* genannt sei.« (GA 9, 130) Heidegger meint, daß der apophantischen (d. h. aussagenden, behauptenden) Synthesis, die Subjekt und Prädikat in der Aussage verbindet, die ontologische Synthesis vorgeordnet sei, die er als die »den Kategorien zugrunde liegende Synthesis« ansieht, weshalb er auch die ontologische Synthesis als eine solche bestimmt, die »das Offenbarmachen des begegnenden Seienden als Gegenstand« überhaupt erst ermöglicht. (GA 3, 28 f.)

Der sprachliche Weltbezug gründet in den Erschließungsleistungen des Daseins, durch die überhaupt erst der Horizont für die tatsachenfeststellende Rede und für die Aussagenwahrheit freigegeben wird. »Das Aufzeigen der Aussage vollzieht sich auf dem Grunde des im Verstehen schon Erschlossenen bzw. im umsichtigen Entdeckten. Aussage ist kein freischwebendes Verhalten, das von sich aus primär Seiendes überhaupt erschließen könnte, sondern hält sich schon immer auf der Basis des In-der-Welt-seins« (SZ 156) – eine These, die heute von Donald Davidson (1917–2003) und Robert Brandom (geb. 1950) in je unterschiedlicher Weise weiter ausgeführt wird. Die kognitiven Leistungen begreift Heidegger als im vorwissenschaftlichen Umgang mit Dingen und Personen verwurzelt. Seine pragmatische Infragestellung des satzsemantischen Paradigmas verweist darauf, daß die Aussage als *mitteilend bestimmende Aufzeigung* kein Erstes ist. Sie hat ihr Fundament in der Auslegung, deren derivativer Modus sie ist. Ihre existenzialen Fundamente heißen »Vorhabe, Vorsicht und Vorgriff«. Der Sinn wäre danach als Urteilssinn zwar nicht falsch, wohl aber unterbestimmt. Richtig bestimmt ist der *Begriff des Sinnes* erst dann, wenn er das formale Gerüst dessen mit umfaßt, »was notwendig zu dem gehört, was verstehende Auslegung artikuliert. *Sinn ist das durch Vorhabe, Vorsicht und Vorgriff strukturierte Woraufhin des Entwurfs, aus dem her etwas als etwas verständlich wird.*« (SZ 151)

Die Auslegung ist nach Heidegger »nicht die Kenntnisnahme des Verstandenen, sondern die Ausarbeitung der im Verstehen entworfenen Möglichkeiten«. Das »*ausdrücklich* Verstandene«, das immer die »Struktur des *Etwas als Etwas*« besitzt, wird in *holistisch strukturierten Handlungskontexten* »verstanden als das«, was »dieses bestimmte Zuhandene sei«. Auf die Frage beispielsweise, wozu dieser oder jener Hammer sei, würden wir dann antworten: »Dies ist zum x«, wobei dann »x« für den Handlungsprädikator »Hämmern« steht.[13] Für diese Form der Auslegung hat Heidegger den Terminus »hermeneutisches Als« eingeführt, wobei »das ›Als‹ [...] die Struktur der Ausdrücklichkeit eines Verstandenen« ausmachen soll, das die Auslegung konstituiert. Und dieses »hermeneutische Als« übergreift und fundiert das »apophantische Als« (SZ 149). Deshalb sagt Heidegger auch, daß die »Aussage keine primäre Erkenntnisfunktion hat, sondern nur eine sekundäre. Seiendes muß schon enthüllt sein, damit eine Aussage darüber möglich ist.« (GA 24, 299)

»Aussagen über ... ist nur möglich auf der Basis eines *Umgangs mit* ...« (GA 26, 158) Das Aussagen über etwas, das Heidegger als »eine *intentionale Verhaltung des Daseins*« bezeichnet, »*gründet* seiner *ontologischen Struktur* nach in der Grundverfassung des Daseins, die wir als *In-der-Welt-sein* kennzeichneten« (GA 24, 295 f.) – was die »Logistik« nicht gesehen hat, so daß sie »das Urteil in ein System von Zuordnungen« auflöst. Es wird zu einem »Gegenstand des ›Rechnens‹, aber nicht zum Thema einer ontologischen Interpretation« (SZ 159). Heidegger versteht die Aussage als ein Derivat der Auslegung, insofern die Aussage durch eine »existenzial-ontologische Modifikation [...] aus der umsichtigen Auslegung« entspringt, nämlich durch die »Nivellierung des ursprünglichen ›Als‹ der umsichtigen Auslegung zum Als der Vorhandenheitsbestimmung«, die Heidegger dann zum »Vorzug der Aussage« erklärt. (SZ 158)

Heidegger stößt in seiner großartigen Erschlossenheitsanalyse also nicht nur auf die *propositionale Struktur der Zuhandenheit*, insofern das Zuhandene immer schon als »etwas, um zu ...« (SZ 68) verstanden und damit in der Figur des »etwas als etwas« aufgefaßt wird, sondern auch auf die *propositionale Struktur der Wahrnehmung*. Denn er zeigt, daß »das schlichte Sehen der nächsten Dinge im Zutunhaben mit ... die Auslegungsstruktur so ursprünglich in sich [trägt], daß gerade ein gleichsam *als-freies* Erfassen von etwas einer gewissen Umstellung bedarf« (SZ 149). Epistemisch relevante Wahrnehmungen, also solche Wahrnehmungen, wie sie Heidegger in seinen eigenen Beispielen beschreibt, sind erstens von unseren Erwartungen[14] abhängig, die in der Regel sprachlich realisiert sind, und sie sind zweitens propositional strukturiert und haben deshalb immer die Form »... daß p«, wobei »p« als ganzer Aussagesatz den propositionalen Gehalt von Wahrnehmungsurteilen wiedergibt.[15]

Damit hat sich Heidegger noch nicht auf die These festgelegt, daß die objektive Welt »durch und durch begrifflich« verfaßt ist, wie dies heute von Robert Brandom und John McDowell behauptet wird.[16] Heidegger konzipiert die Objektivität unserer Begriffe nicht als eine diskursiv artikulierte Spiegelung des *propositionalen Gehalts* einer bereits »an sich« strukturierten Wirklichkeit, so daß die Hermeneutik der Faktizität, auf deren Basis Heidegger dann auch das Erkenntnisproblem entfaltet, gleichzeitig als eine Theorie der Struktur der Welt erscheint. Denn ansonsten müßte er nicht nur behaupten, daß wir die Welt immer nur begrifflich denken können, sondern, daß die Welt selbst begrifflich strukturiert sei. Daß wir die Welt nicht anders als begrifflich denken können, heißt jedoch nicht, daß sie in sich selbst begrifflich geordnet wäre. Die Wirklichkeit der Kategorien läßt sich daher nicht schon für jene selbst nehmen. Der Ausweg bei den erkenntnistheoretischen Lösungsversuchen des »Realitätsproblems« kann nicht in der Gleichsetzung des Begriffs der Wirklichkeit mit dem einer begrifflich bestimmten Wirklichkeit bestehen, weil sich die pragmatische Objektivitätsthese unter kritischen Vorzeichen nicht verteidigen läßt. Die Subjekt-Objekt-Spaltung der traditionellen Erkenntnistheorie will Heidegger nicht auf einer identitätsphilosophischen Basis überwinden. Er vertritt keinen pragmatisch transformierten Hegelianismus, der die Differenz zwischen Sprache und Welt zu einer Differenz erklärt, die in die Sprache fällt, sondern einen pragmatisch transformierten Kantianismus, der die Differenz zwischen Sprache und Welt als eine Differenz versteht, die in die Welt fällt – in eine Welt, die sich mit Heidegger als eine sprachlich erschlossene Welt verstehen läßt.

Bemerkenswert ist nun in diesem Zusammenhang, daß er eine völlig korrekte Analyse der hermeneutischen Als-Struktur liefert, die auf eine Bestätigung der *Propositionalitätsthese im Bereich der Intentionalität*[17] hinausläuft und den Vorstellungsatomismus der klassischen Wahrnehmungstheorie und damit dann eigentlich auch die Synthesistheorie erledigt, da »etwas als etwas« selbst eine Proposition ist, und daß er dann das Verstehen des »etwas als etwas« im Sinne eines vorprädikativen Verstehens interpretiert. Heidegger ist davon überzeugt, daß »das Schema ›etwas als etwas‹ [...] schon in der Struktur des vorprädikativen Verstehens vorgezeichnet« (SZ 359) sei und daß in diesem Verstehen ein gegebenes Mannigfaltiges noch vor der apophantischen Synthesis von Subjekt und Prädikat zur Synthesis gebracht werde – weshalb er das »apriorische Perfekt« auch als Ermöglichungsbedingung der prädikativen Synthesis betrachtet.

Im Gegensatz zu Husserl, der als letzter großer Klassiker der Bewußtseinsphilosophie die Lebenswelt noch ausgehend von den intentionalen Gesamtleistungen eines transzendental-solipsistisch verstandenen Ich-Bewußtseins verständlich machen wollte, rückt Heidegger die Nichthintergehbarkeit einer sprachlich erschlossenen Lebenswelt in den Mittelpunkt der Betrachtung, die ihre Entsprechung in den Lebensformen von Wittgenstein findet, die mit unseren Sprachspielen verzahnt sind. Beide spielen auf ihre Weise die Nichthintergehbarkeit der Lebenswelt gegen den Weltbegriff der Tradition aus und eröffnen damit dem philosophischen Denken den Blick für die Abhängigkeit unseres Selbst- und Weltverständnisses von dem alltäglichen In-der-Welt-Sein und damit von den spezifisch welterschließenden Leistungen der Sprache. Im Gegensatz aber zu Wittgenstein, der das »hermeneutische Vorverständnis« im Sinne eines »Hintergrundes massiver Übereinstimmungen« versteht, der in nichts anderem als in einer »Übereinstimmung in den Urteilen«[18] besteht, versteht Heidegger dieses Vorverständnis im Sinne der Synthesistheorie als eine vielschichtige intentionale Gesamtleistung durch »Zusammensetzung« – und dies ist es, was Heidegger bei aller Kritik an der Tradition mit dieser verbindet.

Obwohl die von Heidegger analysierten Erschließungsleistungen recht besehen gar nicht vorprädikativer Art sind, eben weil das »epistemische Sehen« die Form »... daß p« aufweist, obwohl die von Heidegger analysierte Als-Struktur der Wahrnehmung nicht nur zeigt, daß wir hier immer schon den Bereich des Sprachlichen betreten haben, sondern auch den Bereich der Prädikation[19], kommt er zu der völlig unplausiblen Schlußfolgerung, daß das hermeneutische Als, das eine Bedingung der Möglichkeit der Prädikation darstellt, zwar intentional, aber eben vorprädikativ verstanden werden muß.

Heidegger bietet also mit seiner Erschlossenheitsanalyse eine Lösung für ein Problem an, das von Aristoteles bis zu Kant nie befriedigend gelöst wurde, indem er zeigt, daß unsere epistemisch relevanten Wahrnehmungen propositional strukturiert sind, und interpretiert dann die im hermeneutischen Als entdeckte Struktur als eine vorprädikative Struktur. Dies ist aber nicht einzusehen. Denn wenn die im hermeneutischen Als entdeckte Struktur wirklich die Form hat, die sie nach Heidegger haben soll, nämlich die Struktur des »etwas als etwas«, dann stellt sich die Frage, was diese Struktur »eigentlich anderes sein soll als die Grundstruktur der Prädikation«[20].

Der Grund für die Problemverfehlung ist leicht benannt: Heidegger geht einerseits davon aus, daß Mannigfaltiges gegeben ist und Einheit hergestellt wird, und andererseits davon, daß dies auf zwei Ebenen geschieht, die zueinander in einer eindeutigen Fundierungsbeziehung stehen, auf der hermeneutischen Ebene des Verstehens und auf der apophantischen Ebene des Urteils. Daran wird deutlich, daß die synthesistheoretische Urteilstheorie und die synthesistheoretische Verstehenstheorie aufeinander zugeschnitten sind, insofern die ontologische Synthesis die Bedingung der Möglichkeit für die prädikative Synthesis darstellt. Und nur unter dieser Voraussetzung macht es überhaupt Sinn, die Kantische Synthesistheorie ontologisch zu fundieren – hoffend, daß sich damit dann auch die Probleme auflösen, die im Rahmen des Kantischen Theorieansatzes keine befriedigende Lösung fanden. Heidegger hätte den Synthesisbegriff in seinen beiden Varianten nicht benötigt, wenn er gesehen hätte: Ein prädikatives Urteil zu bilden bedeutet für eine Person, zu der Überzeugung zu kommen, daß ein Satz wahr ist. Und wenn er dann von der Einsicht, daß man einzelne Urteile nicht mit der Einzelheit eines sinnlich Gegebenen gleichsetzen darf, dazu fortgeschritten wäre, daß Erkenntnis als eine Relation zwischen Personen und Propositionen aufzufassen ist.

So aber meint er von der Voraussetzung ausgehen zu können, Mannigfaltigkeit sei gegeben und werde per Synthesis zur Einheit gebracht. Dabei ist dies alles andere als selbstevident. Denn woher wissen wir dies denn, wenn wir John Locke (1632–1704) und Kant nicht gelesen haben? Daß dem so ist, können wir schließlich nicht durch Introspektion feststellen. Woher also will Heidegger wissen, daß ein Mannigfaltiges, das gar nicht als Mannigfaltiges wahrgenommen werden *kann*, weil es ja durch die ontologische Synthesis bereits auf eine Einheit und damit auf ein »ist« bezogen ist, überhaupt ein Mannigfaltiges *ist*?

Kant hätte auf diese Frage vermutlich geantwortet, daß uns die Sinnlichkeit »in ihrer ursprünglichen Rezeptivität«[21] ein Mannigfaltiges darbietet, das »doch nicht als ein solches vorgestellt werden würde«[22], wenn der Verstand es nicht mit Hilfe der Begriffe, die quasi die verbindenden Elemente sind, synthetisiert hätte. Für Heidegger selbst war eine solche Antwort nicht akzeptabel, weil die Zurückführung der Erkenntnis auf die Apperzeption, die die »transzendentale Deduktion« vornimmt, nicht gelingt und weil »Kants Theorie von den zwei Stämmen« in der Luft hänge und durch einen »dritten

Stamm« ergänzt werden müsse, auf den Kant zwar verwiesen hat, aber nicht weiter eingegangen ist. (GA 25, 277) Es ist hier nicht der Ort, um die Sachangemessenheit der These zu prüfen, daß Kant selbst mit einer dritten Synthesis operiert, für die sich in der *Kritik der reinen Vernunft* jedoch kein systematischer Ort findet. Fest steht, daß Heidegger der Kantischen Synthesistheorie solch eine Synthesis zuschreibt, die als »reine Synthesis« die alles »tragende und leitende *Einheit*« darstellt. (GA 25, 283) Und diese Synthesis ist eben die ontologische Synthesis, in der das faktische Seinsverständnis des alltäglichen In-der-Welt-Seins als eine »ontologische Voraussetzung für das indifferente ›ist‹ der Aussage« zum Ausdruck kommt.

Anders als bei Kant, bei dem das »Verhältniswörtchen ist« im Urteil die Vermittlung zwischen den beiden Relata leistet und »die ursprüngliche Apperzeption und die *notwendige Einheit* derselben«[23] bezeichnet, bezieht sich bei Heidegger das »ist« also nicht auf das »Ich denke«, das innerhalb der Transzendentalphilosophie als der »höchste Punkt« galt – an dem Kant nicht nur »allen Verstandesgebrauch«, sondern »selbst die ganze Logik, und, nach ihr, Transzendentalphilosophie«[24] aufhängen wollte –, es bezieht sich vielmehr auf eine Einheitsform, die Heidegger als die »hermeneutische Grundstruktur des Daseins« bezeichnet.

So verstanden, ist dann »das ›ist‹ nicht ein Verbindungsbegriff, weil es als Kopula im Satz fungiert, sondern umgekehrt, es ist Kopula, Verbindungswort im Satz, weil sein Sinn im Ausdrücken von Seiendem Seiendes meint und das Sein des Seienden durch das Beisammen und die Verbundenheit wesenhaft bestimmt ist. Es liegt [...] in der Idee des Seins so etwas wie Verbundenheit, ganz äußerlich genommen, und es ist kein Zufall, daß das ›ist‹ den Charakter der Kopula erhält. Nur ist dann die Charakterisierung des ›ist‹ als Kopula keine phonetische und keine wörtliche, sondern eine rein ontologische, verstanden aus dem, worüber die Aussage Aussage ist.« (GA 25, 302 f.)

Heidegger stellt also die Kantische Prädikationstheorie gar nicht in Frage. Diese wird vielmehr als unproblematisch vorausgesetzt und durch ein synthesistheoretisches Erschlossenheitskonzept untermauert. Heidegger begnügt sich damit, die prädikative Synthesis auf die Als-Struktur als die »hermeneutische Grundstruktur des Daseins« zurückzuführen (GA 21, 207), womit nun zwar gegenüber der Kantischen Prädikationstheorie ein Fundierungsanspruch angemeldet ist, womit aber nicht die Frage beantwortet ist, ob sich das hermeneutische Verstehen und die Aussage überhaupt auf der Basis der Synthesistheorie verstehen lassen.

Zwar sagt Heidegger selbst, daß »man die Phänomene Aussage – Aufweisung – Bestimmen-als u. s. f. nicht ergriffen hat, wenn man sie mit Synthesis charakterisiert und es dabei als erstem und letztem Charakteristikum bewenden läßt«, da die »formal verstandene Synthesis als [...] Struktursinn des λόγος [logos]« genommen, die »Möglichkeit verbaut, Bedeutung, Verstehen, Auslegen und im weiteren dann auch Sprache zu verstehen« (GA 21, 161). Anstatt aber die Prädikation von der Idee der Synthesis zu entkoppeln, geht Heidegger daran, sie ontologisch zu fundieren. Denn für ihn steht fest, daß das »Phänomen der *Copula*« schon deshalb zum Thema einer »ontologischen Interpretation« werden muß, weil allein die Synthesis das »Fundament« der »Aussagenwahrheit« ist. (GA 21, 136)

Daß das »Phänomen der *Copula*« ontologisch interpretiert werden muß, hängt unmittelbar mit der Exposition der Seinsfrage zusammen, insofern Heidegger ja in *Sein und Zeit* und später dann in seiner Freiburger Antrittsvorlesung *Was ist Metaphysik?* davon ausgeht, daß dem »ist« eine einheitliche und universelle Bedeutung zukommt – was er freilich nie gezeigt hat. Und eben durch diese ontologische Interpretation der Kopula im Sinne der Synthesis wird die Kopula zur Basis des Verstehens selbst.

Obgleich Heidegger nie gezeigt hat, daß alles Verstehen, mithin auch alles Satzverstehen, von einem »ist« im Sinne dieser einheitlichen und universellen Bedeutung getragen ist, was einschließen würde, daß »wir alle Sätze *ohne* ein [...] ›ist‹ in einen Satz mit einem solchen übersetzen können«, geht er davon aus, daß das Sein einen universellen Orientierungspunkt philosophischen Fragens darstellt und daß in »dem ›ist‹ etwas zu finden sei, was alles unser Verstehen möglich macht«[25]. Und unterstellt, dies ließe sich tatsächlich zeigen, unterstellt also, eine ontologische Interpretation der Kopula führt zu dem Ergebnis, daß dem »ist« eine einheitliche und universelle Bedeutung zukommt – was natürlich voraussetzen würde, daß die Bedeutungen von »ist« im Sinn der Kopula, der Identität, der Existenz oder das veritative »ist« sich wirklich einheitlich verstehen lassen –, dann erst wäre auch die These wirklich nachvollziehbar, daß das »ist« all unser Verstehen ermöglicht und demzufolge auch eine Bedingung der Möglichkeit des Verstehens prädikativer Sätze wäre. Unglücklicherweise hat Heidegger einen solchen Nachweis jedoch nicht geführt. Dennoch steht für ihn fest: Die Synthesis im Sinne der ontologisch interpretierten Kopula ist das »Fundament für Falsch- und Wahrheit – d. i. hier solche Wahrheit, an deren Stelle auch Falschheit sein kann, d. h. Aussagenwahrheit« (GA 21, 136).

Aber selbst angenommen, wenn auch nicht zugegeben, daß die Kopula im Sinne der Synthesistheorie interpretiert werden müßte, selbst dann bliebe noch die Frage offen, wie sich denn nun der Bedeutungssinn aus dem Handlungssinn ableiten läßt. Wir haben hier das gleiche Problem vor uns wie in bezug auf die Zeichenproblematik. Heidegger müßte die Bedeutung sprachlicher Ausdrücke im Rahmen einer allgemeinen Handlungstheorie erklären, die aus zwecktätigen Interventionen den Mitteilungssinn abzuleiten in der Lage ist. Und solch eine Erklärung hat er wohl auch für möglich gehalten. Er hat sie allerdings nicht geliefert, so daß unklar bleibt, wie die verschiedenen Sinnebenen auseinander ableitbar sind.

Heidegger wendet sich gegen die kognitivistische Verkürzung

der abendländischen Logosauszeichnung, die die Vernunft auf das reduziert, was die Sprache in einer ihrer Funktionen leistet – nämlich in der Darstellungsfunktion. Mit dem Argument, daß erst das, was im umsichtig-besorgenden Umgang mit zuhandenem »Zeug« angeeignet ist, mithin erst das, was praktisch ergriffen ist, zum »Worüber« in der Aussage werden kann, greift er die abendländische Logosmetaphysik an. Heidegger wird nicht müde, zu betonen, daß die idealistische Distanzierung von praktischen Zweck- und Interessenzusammenhängen aufzugeben sei. Zu erkennen, wie die Dinge »an sich« sind, ist kein theoretisches, sondern ein praktisches Problem. Denn das »hantierende gebrauchende Besorgen« hat seine »eigene Erkenntnis«, die sich weder szientistisch suspendieren noch phänomenologisch reduzieren läßt.

Auch Husserls eidetischer Fundamentalismus stützt sich ja noch auf ein Konzept, das die reine Anwesenheit der »Sachen selbst« als Voraussetzung der »Wahrheit von Aussagen« dadurch sicherstellt, daß Kontingenz phänomenologisch reduziert wird. Sehen wir davon ab, daß sich die »adäquate Evidenz« als theoretisches Ziel der vollständigen Übereinstimmung des Denkens mit dem »Ding an sich« als unerreichbar erweist und daß die phänomenologische Sicherstellung der reinen Anwesenheit per Epoché eine abstraktive, den konkreten Phänomenen zuwiderlaufende Methode ist, die den Zusammenhang von Anwesenheit und Abwesenheit gewaltsam auftrennt.[26] Wichtiger scheint das sprachphilosophische Folgeproblem dieser Reduktion. Um die Wahrheit von Aussagen zu garantieren, muß Husserl nämlich mit der Evidenz aus dem sprachlogischen Bereich ausbrechen und dabei auf eine rein »ideale Sprache« rekurrieren, die die vollkommen getreue Wiedergabe einer zugleich inneren Anwesenheit und einer ideal-identischen Bedeutung garantiert.[27]

Heidegger, der sich der Aporien bewußt ist, die aus den metaphysischen Voraussetzungen der Husserlschen Strategie resultieren, unterläuft mit drei strategischen Korrekturen das Husserlsche Konzept. Er entgrenzt erstens dessen präsenz-

metaphysischen Wahrheitsbegriff, so daß Wahrheit kein pro-
blematischer Begriff mehr ist, er betont zweitens gegen Husserls Bedeutungsplatonismus das Primat der pragmatischen
Zeug-Verweisungs- und Zeichenfunktionen vor dem reinen
Bewußtsein und entlarvt drittens das reine, von allen innerweltlichen Zweck- und Interessenzusammenhängen sus-
pendierte Selbstbewußtsein als eine metaphysische Fiktion,
indem er es mit seiner Unreinheit konfrontiert – mit dem »gebrauchenden Besorgen«. So kann Heidegger an Husserls
großartiger Entdeckung der intentionalen Struktur des Bewußtseins festhalten, an dem Gedanken also, daß jedes Bewußtsein »Bewußtsein von etwas« ist, und gleichzeitig den
Problemhorizont reiner Bewußtseinsintentionalität durch
den Bezug auf das »gebrauchende Besorgen« in Richtung auf
eine pragmatische Handlungstheorie überschreiten. Denn
Heideggers These, daß die praktische »Sorge« die Fundamen-
talstruktur des menschlichen Daseins ausmacht, die »zum
Originellsten und Aussichtsreichsten gehört, was *Sein und
Zeit* zu bieten hat«[28], steht quer zur Idee eines fundierenden
Bewußtseins, das die Welt nach seinem Bild entwirft. Indem
Heidegger in *Sein und Zeit* alle Bewußtseinsphänomene als
abgeleitete Handlungsphänomene deutet, vollzieht er die Ablösung der Bewußtseinsphilosophie zugunsten eines konse-
quenten »Pragmatismus der Lebenswelt«[29]. Der damit implizierte Übergang vom Bewußtsein zum Handeln, der freilich
in den ersten Jahrzehnten des 20. Jahrhunderts bereits in der
Luft lag, insofern auch im Marxismus, im Pragmatismus, in
der Lebensphilosophie und innerhalb der Phänomenologie
selbst eine Reihe antiidealistischer Kontrastbegriffe aufgebo-
ten wurde, um eine verhimmelte Vernunft in die Lebenswelt
zurückzuholen und in pragmatischen Handlungskontexten
zu situieren, gehört durch seine Radikalität und Konsequenz
zu den bemerkenswertesten.
Heidegger erkennt, daß an der Unauflöslichkeit der wider-
spenstigen Kontingenz, die auszuscheiden sei, um den »Anspruch der eigenen Reinheit nicht zu gefährden«, der »falsche

Ansatz der Identitätsphilosophie zutage [tritt]: daß die Welt nicht als Produkt dieses Bewußtseins gedacht werden kann«[30]. Anders als Husserl, der die Not der Kontingenz des Faktischen in die Tugend der Reinheit der Idee umdeutet und auf diese Weise den Relativismus nur um den Preis des Absolutismus überwinden kann, bemerkt Heidegger, daß das praktische Verhalten »nicht ›atheoretisch‹ im Sinne der Sichtlosigkeit« ist. Es hat seine eigene, seine praktische »Sicht«. (SZ 69) Die praktische Sicht setzt er gegenüber der theoretischen als originär an. Zum »Worüber« der aufzeigenden Aussage wird das »zuhandene Womit des Zutunhabens« erst durch eine existenzial-ontologische Modifikation der umsichtigen Auslegung. Durch diese Modifikation wird die »Hinsicht« entsubjektiviert und das Zuhandene als Zuhandenes verhüllt. Diese Verhüllung ist nach Heidegger die Ursache der entdeckend-verdeckenden Bestimmung der Vorhandenheit in ihrem »So-und-so-Vorhandensein«. Denn gerade durch die das Primat der Praxis suspendierende Orientierung am Vorhandenen ist das »an sich« als ontologisch-kategoriale Bestimmung des Seienden qua Vorhandenheit nicht aufzuklären. Gerade durch dieses das Primat der Praxis gegenüber der Theorie suspendierende Verhalten wird das in Gang gesetzt, was Heidegger das »*Sich-nicht-melden* der Welt« (SZ 75) nennt. Auf diese Weise wird das Allernächste zum Signum des Allerfernsten.

Erst durch diesen Perspektivenwechsel, einen Wechsel von der Position des aktiven Teilnehmers zu der des interesselosen Beobachters inklusive der mit diesem Perspektivenwechsel zusammenhängenden objektivierenden Einstellung, die in den der lebensweltlichen Praxis nachgeordneten Wissenschaften ihren reinsten Ausdruck finden soll, wird eine Eigenschaft, als welche die Aussage das »Was« des Vorhandenen bestimmt, an einem Vorhandenen fixierbar und kommunizierbar. Und zwar deshalb, weil hier ein Ganzes aus seinem Bewandtniszusammenhang herausgelöst und von seinen Verweisungsbezügen getrennt wird. Mit dieser Her-

auslösung eines Ganzen aus seinem Bewandtniszusammenhang ist eine Nivellierung des hermeneutischen Logos der
umsichtigen Auslegung zum urteilslogischen Logos der Aussage verbunden.
Diese Nivellierung läßt sich schon für die traditionelle Ontologie nachweisen, und zwar insofern sich bereits Aristoteles

»am Begriff des logos – genauer, des logos apophantikus, des Aussa-
gensatzes – orientierte. Diese Orientierung am Aussagensatz hing
(zwar schon) mit einer Thematisierung des ›ist‹ zusammen. Aristoteles' Interpretation aller (singulären) prädikativen Sätze mit einem
verbalen Prädikat (z. B. ›Peter schwimmt‹) als Sätze mit Kopula und
Partizip (z. B. ›Peter ist schwimmend‹) impliziert, daß er mit der Kopula die indikativische Verbalform überhaupt bzw. die Form der Zusammensetzung der prädikativen Sätze meint. Dieser Ausblick auf
die Satzform kam allerdings nicht zum Tragen, da das Interesse sich
sogleich auf das ›Seiende‹, die prädikativen Inhalte richtete. Vor allem blieb wegen der Orientierung auf das ›Seiende‹ die singulär prädikative Satzform die einzige, die in der Ontologie überhaupt berück-
sichtigt wurde, und auch dieser Satz selbst wurde, teils wegen der
Orientierung am ›ist‹, teils wegen der Ausrichtung auf Bestimmungen
von Gegenständen, einseitig als Zusammensetzung aus singulären
Terminus und Prädikat interpretiert.«[31]

»Diese Nivellierung des ursprünglichen ›Als‹ der umsichtigen Auslegung zum Als der Vorhandenheitsbestimmung ist«
nach Heidegger »der Vorzug der Aussage« (SZ 158), gegen die
er das »praktische Besorgen« aufbietet.
Das »praktische Verhalten«, das »Besorgen« entdeckt innerweltlich Seiendes als Zuhandenes aufgrund der »Vorent-
decktheit einer Bewandtnisganzheit«. Die durch das praktische Besorgen vorentdeckte Bewandtnisganzheit hat einen
holistischen Zuschnitt und birgt »in sich« einen ontologischen Bezug zur Welt. Folglich muß das Entdecken und daher auch die Aussage in der Erschlossenheit gründen und
nicht umgekehrt. Wenn die Welt des Vorhandenen und deren
Korrelat, die theoretische Betrachtung, nur ein Rudiment ei-

ner ursprünglicheren und reicheren Welt ist und wenn die Theorie aus der »Umsicht« und nicht die »Umsicht« aus der Theorie entspringt, dann ist auch jede Entdeckung von innerweltlich Seiendem nur auf der Basis einer Erschlossenheit zu verstehen. Durch die und mit der Nivellierung des »ursprünglichen ›Als‹ der umsichtigen Auslegung zum Als der Vorhandenheitsbestimmung« besteht überhaupt erst die Möglichkeit, das Vorhandene gegen alles Vermittelte abzudichten.

Diese Orientierung am Vorhandenen kann nun zwar ein »Zusammenvorhandensein« von mehreren Dingen, Personen, ja selbst Worten konstatieren, nicht aber die Abkünftigkeit der Aussage von der Auslegung und vom Verstehen deutlich machen. Sie kann mithin nicht erklären, wie die »›Logik‹ des λόγος in der existenzialen Analytik des Daseins verwurzelt ist« (SZ 160). Weil die Grammatik ihr Fundament in der Logik dieses Logos suchte, dieser jedoch in der Ontologie der Vorhandenheit gründet, wurde die Rede an der Aussage orientiert. Das hat eine verhängnisvolle Folge: Das Seiende, das dieser Logos aufzeigt, nimmt, wie der Logos selbst, den restriktiven Sinn von Vorhandenheit an. Das heißt aber, der »Sinn von Sein bleibt selbst indifferent unabgehoben gegenüber anderen Seinsmöglichkeiten« (SZ 160). Die Restriktion des Sinns auf den Bereich der Präsenz, der von Heidegger mit dem Vorhandenen gleichgesetzt wird, ereignet sich in der abendländischen Metaphysik als Herrschaft der sprachlichen Form, die in der »mitteilenden Aussage« ihren Ursprung hat.

Schon in Heideggers Interpretation von Platons *Sophistes* im Wintersemester 1924/25 heißt es: »Alle unsere grammatischen Kategorien, auch die aller heutigen wissenschaftlichen Grammatik – indogermanische Sprachforschung usw. – sind wesentlich bestimmt durch diese theoretische Logik, so sehr, daß es fast hoffnungslos erscheint, das Phänomen der Sprache frei von dieser traditionellen Logik zu verstehen. Es besteht aber *die Aufgabe, die Logik einmal viel radikaler zu*

fassen, als es den Griechen gelang, und auf demselben We-
ge zugleich ein radikaleres Verständnis der Sprache selbst
und damit auch der Sprachwissenschaften auszuarbeiten.«
(GA 19, 253) Heidegger, der die gesamte traditionelle Sprach-
logik als Korrelat der zu destruierenden Ontologie der Vorhandenheit betrachtet, möchte von der in dieser Ontologie
privilegierten gegenständlichen Sprachauffassung loskommen, die auf die Wahrheitsgeltung assertorischer (d.h. behauptender) Sätze spezialisiert ist. Im Gegenzug zum »Logo-
zentrismus« will er die Grammatik von dieser Logik befreien
und auf ontologisch tieferliegende Fundamente bauen. Bereits im Literaturbericht *Neuere Forschungen über Logik* hat
Heidegger auf den »Unterschied von grammatischem Satz
und logischem Urteil« aufmerksam gemacht und davor ge-
warnt, die »Logik an der Grammatik zu orientieren«. Hat er
seinerzeit jedoch die »Gebietsfremdheit von Logik und Grammatik« (GA 1, 32) noch auf der Basis einer »an Kant orientierten Logik« zu lösen versucht, so sollen nun gegenüber einer
solchen Logik ontologische Fundamente aufgewiesen werden, die dieser vorausliegen. Dabei weist die Auslegung des
alltäglichen In-der-Welt-Seins über den Bereich der Grammatik hinaus und führt über die Aufdeckung der Vorurteils-
struktur des Verstehens auf die Hermeneutik der Faktizität
zurück, die Heidegger in der Auseinandersetzung mit dem
Ideal der »Voraussetzungslosigkeit« entfaltet.
Der § 34 von *Sein und Zeit* kann als der Versuch betrachtet
werden, die Grammatik durch die Umlegung auf ontologisch
ursprünglichere Fundamente von dieser Logik zu befreien.
Dazu muß die logische Frage nach der Aussage in die existen-
zialontologische Frage nach dem »Sinn von Sein« transfor-
miert werden. Denn jener Sinn ist es ja, der das jeweilige ontologische Vorverständnis präjudiziert und damit auch die
horizontbildenden Grundbegriffe festlegt. Heideggers Destruktion der Metaphysik der Anwesenheit hat also nicht –
wie später bei Jacques Derrida (1930–2004) – ihren bevorzug-
ten Ausgangspunkt in der Kritik an einer metaphysischen

Theorie des Zeichens. Obwohl Heidegger im Unterschied zu Husserl eindeutig das Semiotische gegenüber dem Logischen privilegiert, ist er, etwa im Gegensatz zu Cassirer, erstaunlich desinteressiert an der »geschlossen[en] Mannigfaltigkeit möglicher Zeichen« (SZ 77). Zwar finden sich im Rahmen der Daseinsanalyse zeichentheoretische Überlegungen, diese haben jedoch allenfalls sprachphilosophische Implikationen, sie haben aber keine sprachphilosophische Basis.

Die sprachphilosophische Pointe seiner Ontologiekritik besteht somit darin, daß Heidegger die Idealisierungen und Abstraktionen der Bewußtseinsphilosophie mit der konkreten, vorwissenschaftlichen Lebenswelt und mit der nichttheoretischen Sprache des Alltags konfrontiert. Indem er auf ein hermeneutisches Vorverständnis rekurriert, gelingt es ihm, gegenüber der Bewußtseinsphilosophie eine neue Dimension aufzureißen. Denn mit dem Rückgriff auf dieses Vorverständnis des alltäglichen In-der-Welt-Seins ist die Bewußtseinsphilosophie prinzipiell überschritten.[32]

Den Ausgangspunkt hierfür bildet in *Sein und Zeit* das Dasein. Allein dieses hat Sprache. Die Sprache wurzelt in der existenzialen Verfassung der Erschlossenheit des Daseins, so daß Heidegger sagen kann: »*Das existenzial-ontologische Fundament der Sprache ist die Rede.*« (SZ 160) Die Rede, ursprüngliches »Existenzial« der Erschlossenheit, ist existenzial gleichursprünglich angesetzt mit *Befindlichkeit und Verstehen*.[33] Als dieses ursprüngliche Existenzial ist sie durch das alltägliche In-der-Welt-Sein konstituiert. Denn die spezifisch weltliche Seinsart der Rede ist die Artikulation der Verständlichkeit des »Da«. Im »Da« spricht sich die befindliche Verständlichkeit des alltäglichen In-der-Welt-Seins aus. »Rede ist die Artikulation der Verständlichkeit. Sie liegt daher der Auslegung und der Aussage schon zugrunde.« (SZ 160) Und insofern der in der Rede artikulierbare Sinn ein sprachlich artikulierbarer Sinn sein muß, kann Heidegger behaupten, daß »Bedeutungen [...] als das Artikulierbare immer sinnhaft« sind.

Die Rede ist für ihn eine spezifische weltliche Seinsart und konstitutiv an das Dasein gebunden. »Die Hinausgesprochenheit der Rede ist die Sprache«, oder wie es an anderer Stelle heißt: »Die Rede ist existenzial Sprache.« (SZ 161) Aber nicht nur, daß sich die befindliche Verständlichkeit des alltäglichen In-der-Welt-Seins als Rede ausspricht. Als existenziale Verfassung der Erschlossenheit des Daseins ist die Rede vielmehr konstitutiv für die Existenz. Im Erschließen der Existenz über die Mitteilung der existenzialen Möglichkeiten der Befindlichkeit artikuliert sich das, was Heidegger das verstehende Miteinandersein nennt. Die Mitteilung vollzieht »die ›Teilung‹ der Mitbefindlichkeit und des Verständnisses des Mitseins [...]. Das Mitsein wird in der Rede ›ausdrücklich‹ geteilt.« (SZ 162) Das heißt: In der Sprache wird nicht nur *über* etwas In-der-Welt-Seiendes gesprochen, sondern immer schon *mit* jemandem in der Welt qua Mitwelt.

Mitsein, Mitteilung und das »Man«

Bereits die Klärung des alltäglichen In-der-Welt-Seins zeigte ja, »daß nicht zunächst ›ist‹ und auch nie gegeben ist ein bloßes Subjekt ohne Welt. Und so ist am Ende ebensowenig zunächst ein isoliertes Ich gegeben ohne die Anderen.« Die Anderen, die Heidegger »zunächst« und »zumeist« aus dem »zuhandenen, umweltlichen Zusammenhang begegnen« läßt, sind eben je schon »mit da« (SZ 116). Diese Begegnung ist sehr verschieden von innerweltlich begegnendem Zeug oder Dingen, also von Zuhandenem und Vorhandenem. Denn die Anderen sind »*wie* das freigebende Dasein selbst«, sie sind »*auch und mit da*«. Das »mit« ist daseinsmäßig, das mithafte alltägliche In-der-Welt-Sein ist die fürsorgend geteilte Welt mit anderen. Denn die »Welt des Daseins ist *Mitwelt*. Das In-sein ist *Mitsein* mit Anderen. Das innerweltliche Ansichsein dieser ist *Mitdasein*.« (SZ 118) Weil das Dasein wesentlich an sich selbst Mitsein ist, liegt im Sein mit anderen immer schon ein »Seinsverhältnis von Dasein zu Dasein« (SZ 124).

Heidegger trifft mit dieser Bestimmung des Daseins als Mitsein und der Welt als Mitwelt die wichtige Unterscheidung zwischen einer objektiven Welt, in der uns Naturgegenstände und Sachverhalte als innerweltliche Entitäten im hantierenden Umgang begegnen, und einer sozialen Welt der intersubjektiv vergemeinschafteten Subjekte, die sich auf der Ebene einer gemeinsamen Konstituierung einer für sie identischen und darum objektiven Welt treffen. Der damit erzielte Gewinn gegenüber dem monadologischen Ansatz der Bewußtseinsphilosophie bei der Erklärung von symbolisch vermittelten Interaktionen, wie er auch für Husserl konstitutiv blieb, liegt auf der Hand. Zwar geht auch Husserl bei der Erklärung dieses Phänomens auf die fundierende Schicht der Lebenswelt zurück, zwar begreift auch er alle menschlichen Leistungen als Objektivationen einer lebensweltlich organisierten Alltagspraxis.[34] Doch weil die »Konstitution der Lebenswelt« nach den Grundsätzen einer Konstitution der Erkenntnis gedacht wird, ist der Versuch einer phänomenologischen Begründung von Intersubjektivität ersichtlich paradox. Denn wie soll ich als eine Monade, als ein transzendental leistendes Ich, ein anderes Ich konstituieren und zugleich das in mir Konstituierte eben doch als ein Anderes erfahren? Auch durch einen »Perspektivenwechsel« von Ego und Alter ego gelangt man nur zur Begründung einer solipsistisch-transzendentalen »Monadengemeinschaft«, in der wiederum jedes transzendentale Ego jeweils nur »seine Welt« hat, nicht aber zu einer intersubjektiv geteilten »Wir-Welt« gelangt.[35] Zwar sorgt Husserls Perspektivenwechsel für eine gewisse Symmetrie zwischen Ego und Alter ego, jedoch vermag auch der Perspektivenwechsel die Immanenz der Monade nicht zu brechen.

Heidegger ist sich dieser Paradoxie bewußt. Darum formuliert er die Aufgabe, die »Art dieses Mitdaseins in der nächsten Alltäglichkeit phänomenal sichtbar zu machen und ontologisch angemessen zu interpretieren« (SZ 116). Mit dieser Aufgabenstellung kommt der sozial-ontologische Gesichtspunkt der Fundamentalontologie in den Blick, der für die Mitseinsanalyse äußerst bedeutsam ist. Die im vierten Kapitel von *Sein und Zeit* entfaltete Analyse, die, ohne daß Husserls Name auch nur genannt wird, eine einzige Polemik gegen dessen Intersubjektivitätstheorie darstellt, sucht jenes Problem zu klären, an dem sich Husserl vergeblich abarbeitete. Dies gelingt Heidegger dadurch, daß er das Mitsein als eine intersubjektive Beziehung des Daseins zum Dasein rekonstruiert. Ausdrücklich betont er, daß nie »zunächst ein isoliertes Ich gegeben [ist] ohne die Anderen«, so daß letztendlich das »Mitsein und die Faktizität des Miteinanderseins« in einem bloßen »Zusammenvorkommen von mehreren ›Subjekten‹« gründen. Und insofern die Seinsart des Daseins die »Seinsart des Miteinanderseins« hat, liegt überhaupt kein Bedarf vor, »eine Brücke [zu] schlagen von dem zunächst allein gegebenen eigenen Subjekt zu dem zunächst überhaupt verschlossenen anderen Subjekt« (SZ 124).

Im Unterschied nämlich zu Dilthey, der Mitsein durch einen psychologistisch verstandenen Einfühlungsbegriff plausibel machen muß, und anders auch als Husserl, der in den *Logischen Untersuchungen* die zeichenvermittelte Kommunikation und das wechselseitige Verstehen von der einseitigen »Wahrnehmung der Kundgabe« beschreibt[36] – auch später, etwa in den *Cartesianischen Meditationen* oder in der Krisisschrift, hat sich Husserl nicht von einem Verstehensmodell lösen können, das den Verstehensprozeß von einem »undeklinierbaren Ur-Ich« aus konzipiert[37] –, will Heidegger nicht nur den Verstehensbegriff von allen psychologischen Beimengungen freihalten, sondern auch, wie bereits erwähnt, das Mitsein als »Seinsverhältnis von Dasein zu Dasein« ausweisen.

Heidegger, der die Weltanalyse zunächst aus dem Blickwinkel einer intersubjektiven Beziehung von Dasein zu Dasein im Mitsein rekonstruiert, weist das Mitsein als konstitutiven

Zug des In-der-Welt-Seins aus und bringt damit jene Verstehensprozesse in den Blick, die den für das hermeneutische Verstehen maßgeblichen intersubjektiv geteilten lebensweltlichen Hintergrund präsent halten. Heidegger betritt quasi mit einem Schlag die Ebene der Intersubjektivität, ohne diese konstitutionstheoretisch aus den transzendentalen Leistungen einzelner Subjekte aufbauen zu müssen. Er vertieft damit die phänomenologische Intersubjektivitätstheorie, indem er die Weltanalyse aus dem Blickwinkel einer intersubjektiven Beziehung erläutert, die das Ich mit anderen eingeht. Denn die Lebenswelt, die gleichsam in den Strukturen der sprachlich vermittelten Intersubjektivität aufgehängt ist, reproduziert und erhält sich über dasselbe Medium, in dem sich sprach- und handlungsfähige Subjekte miteinander über etwas in der Welt verständigen. Und dennoch bleibt Heidegger der Gefangene der Husserlschen Strategie.

Zwar wird die von Husserl beibehaltene Sonderstellung eines vermeintlich vor-intersubjektiven Selbstbewußtseins als Fiktion entlarvt, das epistemisch reduzierte Subjekt der Erkenntnistheorie in die nichthintergehbaren Bewandtnis- und Verweisungszusammenhänge der Lebenswelt entlassen und den Bedingungen innerweltlicher Existenz und geschichtlicher Faktizität unterworfen. Die gesamte neuzeitliche Erkenntnistheorie seit Descartes muß sich ja den Vorwurf gefallen lassen, von einem Subjekt in Gestalt des »Ich denke« auszugehen, das weder eine Welt noch eine Mitwelt hat, was eben auch Husserl betrifft, der das transzendentale Ego durchaus in der Welt situiert, gleichzeitig aber, schon um sich die Möglichkeit einer »universellen Kritik« offenzuhalten, die Lebenswelt und damit die intersubjektive Beziehung zwischen Ego und Alter ego konstitutionstheoretisch von einem »Ur-ich« aus begreifbar machen will. Gleichwohl vermag es Heidegger nicht, sich von den Vorgaben der phänomenologischen Intersubjektivitätstheorie zu lösen. »Daß die Mitseinsanalyse die Intersubjektivitätstheorie trotzdem nur wiederholt und nicht überwindet, gründet in ihrer transzendentalphilosophischen

Konzeption, im Ausgang vom Entwurf als der transzendentalen Konstitution der Welt.«[38]

Dies hängt mit der Fassung der anderen zusammen, die näher bestimmt als das »Man« erscheinen. Die »Öffentlichkeit« ist eine verdurchschnittlichte Öffentlichkeit, die nicht durch Zusammengehörigkeit, sondern gerade durch »Abständigkeit« charakterisiert sein soll und die in dieser »Durchschnittlichkeit« nur die Durchschnittserwartungen von jedermann erfüllt – womit das als »Neutrum« charakterisierte »Man« alle positiven Seinsmöglichkeiten des Daseins einebnet. Diese Interpretation des als »Neutrum« kategorisierten »Man« hat für Heideggers Sozialontologie verhängnisvolle Konsequenzen. Denn das »Man-selbst«, das »Selbst des alltäglichen Daseins« (SZ 129), ist das von der Welt und dem Mitdasein anderer im »Man« völlig überformte und daher uneigentliche Selbst. Eigentliches Dasein, das negativ die Geltung der »objektiven Wir-Welt« außer Kraft setzt und positiv den transzendentalen Welthorizont und somit auch den »Sinn von Sein« freilegen soll, soll nämlich ein von der Herrschaft der anderen befreites Dasein sein. Und dieses, so erfahren wir bei Heidegger, existiert nur in der »Vereinzelung«.

Mit dieser Fassung des Mitseins geht der Gewinn gegenüber der phänomenologischen Intersubjektivitätstheorie sofort wieder verloren. Dadurch, daß Heidegger die Strukturen des lebensweltlichen Hintergrundes, die über das »je meine« Dasein hinausreichen, als Strukturen einer verdurchschnittlichten Alltagspraxis beschreibt, die lediglich als Kontrastfolie für die eigentliche Existenz dienen, kann die Mitseinsanalyse für die Frage, wie sich eine intersubjektiv geteilte Welt konstituiert und erhält, nicht fruchtbar gemacht werden. So gelingt es Heidegger in einem ersten Schritt, die Weltanalyse aus dem Blickwinkel einer intersubjektiven Beziehung von Dasein zu Dasein im Mitsein zu rekonstruieren, womit zunächst ein Perspektivenwechsel von der einsamen Zwecktätigkeit zur sozialen Interaktion verbunden ist. Da er jedoch in einem zweiten Schritt das solipsistisch angesetzte Dasein »als Seiendes, das je ich selbst bin«, gegenüber dem Mit-Dasein in Front gehen läßt, ja dieses Mit-Dasein einschließlich des lebensweltlichen Hintergrundes als durchschnittliche und durchweg defiziente Alltagspraxis entwertet, wird er auf die Husserlsche Ausgangslage zurückgeworfen.

Darum muß Heidegger plausibel machen, wie auf der Grundlage der Vereinzelung nun wieder ein Miteinandersein ermöglicht wird. Jetzt geht es allerdings um ein Miteinandersein, das im Vergleich zum alltäglichen sich als eigentliches erweist (SZ 298) – nach der Machtergreifung der Nationalsozialisten wird diesen Part das zur Eigentlichkeit hochstilisierte Volk übernehmen. Jener Nachweis jedenfalls gelingt Heidegger nicht, denn die umweltliche Begegnung mit dem anderen als Wesenszug des uneigentlichen Miteinanderseins durchbricht nur der Tod. Eigentlichkeit als abstrakter Kern des Selbst findet an ihm ihr Maß und ihr Ideal. Im Tod allein sind alle Bezüge zum anderen Dasein gelöst. Die aus der Unbezüglichkeit des eigentlichen Selbst erwachsene Einsamkeit, Heidegger spricht in diesem Zusammenhang auch von einem »existenzialen Solipsismus«, wird so innerhalb der Sozialontologie zum Urfaktum des eigentlichen Selbstseins.[39]

Diese Unbezüglichkeit des Todes, die dem Dasein zu verstehen gibt, daß es letztlich allein ist, wirft ihren Schatten auf alle intersubjektiven Beziehungen. In seinem Eigensten ist das eigentliche Dasein nicht weniger einsam als das transzendentale Ego bei Husserl. Insofern bei Heidegger die Eigentlichkeit »zum sich selbst verhaltenden Verhältnis wird, unter dem sich nichts mehr denken läßt«[40], ist sie gerade das nicht, was eine intersubjektive Beziehung immer schon voraussetzt: ein soziales Verhältnis zu anderen. Konstituiert sich im Miteinandersein kein eigentliches Selbst, gewinnt das Dasein seine Eigentlichkeit ohne positive Möglichkeit des Mitseins, so heißt das, daß hier auch ein eigentliches Verstehen nicht mehr stattfinden kann.

So hat Heidegger mit dem »Man« zwar die anderen in die Erörterung des Mitseins einbezogen. Insofern diese Erörterung aber bei der Bestimmung des eigentlichen Sich-zu-sich-Verhaltens entweder völlig fehlt oder nur als dessen negative Kontrastfolie fungiert, bekommt auch das hermeneutische Problem des Verstehens eine paradoxe Fassung. Und dies nicht nur, weil bei Heidegger, etwa im Unterschied zu George Herbert Mead (1863–1931), die »Berücksichtigung institutioneller gesellschaftlicher Zusammenhänge und die daher vorgegebenen Rollen« fehlen[41], sondern weil Heidegger zwei Thesen unkritisch miteinander verkoppelt: erstens die These vom »Sein zum Tode« als Bedingung der Möglichkeit für Eigentlichkeit und zweitens die These, daß im Modus der Eigentlichkeit ein ausgezeichneter Modus des Verstehens vorliegt.

Eigentlichkeit und Uneigentlichkeit

Die erste These, mit der Heidegger eine »Kluft« zwischen Eigentlichkeit und Uneigentlichkeit zu legen gedenkt, besagt, daß die Konfrontation mit der »unüberholbaren« Möglichkeit des Todes »von der Verlorenheit in die zufällig sich andrängenden Möglichkeiten« befreit. (SZ 264) Insofern es hier dem »Dasein um sein In-der-Welt-sein schlechthin« geht, ist das »Sein zum Tode« die Bedingung der Möglichkeit einer »Wahl«, die Heidegger *eigentlich* nennt. Diese These für sich genommen scheint nicht problematisch. Sofern die praktische Frage nach dem »Sinn von Sein« in einer radikalen und wirklich grundsätzlichen Weise gestellt wird, etwa als Frage »Wie soll ich leben?«, so daß sie sich nicht auf diese oder jene Handlung bezieht, sondern unser Handeln und damit unser Leben im Ganzen in Frage stellt, richtet sie sich immer an eine 1. Person Singular.

Klarerweise hat dieser Bezug auf eine 1. Person Singular einen *normativen Sinn*. Denn deren Selbstverständnis, wie diffus es auch immer bleiben mag, begründet die Identität eines Ich. In ihm artikuliert sich Selbstbewußtsein nicht als die Selbstbeziehung eines erkennenden Subjekts, sondern als die *ethische Selbstvergewisserung* einer zurechnungsfähigen Person. Und diese zurechnungsfähige Person steht zwar immer in einer intersubjektiv geteilten Lebenswelt, entworfen wird sie sich aber stets als einzelne, »als jemand, der für die mehr oder weniger deutlich hergestellte Kontinuität einer mehr oder weniger bewußt angeeigneten Lebensgeschichte *bürgt*; im Lichte seiner erworbenen Individualität möchte er auch in Zukunft als der, zu dem er sich gemacht hat, identifiziert werden«[42].

Aus dieser ersten Bestimmung ergeben sich vier weitere. Die Frage nach dem »Sinn von Sein« bezieht sich auf eine mehr oder weniger unmittelbare Zukunft, sie bezieht sich auf ein Selbst, dem es um sich selbst geht, sie bezieht sich auf einen Spielraum von Möglichkeiten, der als Spielraum erfragt werden soll, und sie bezieht sich auf jene Grenzen, die diese Möglichkeiten einschränken – denn wenn diese Beschränkungen in Form von Grenzen nicht vorhanden wären, müßte hier überhaupt nicht überlegt werden.[43] Es ist nämlich nicht zwingend notwendig, diese Frage zu stellen. Wir können statt dessen auch segeln oder angeln gehen. Das Sichstellen bzw. das Ausweichen vor der Frage nach dem »Sinn von Sein« bezeichnet Heidegger mit dem Ausdruck »Eigentlichkeit« bzw. »Uneigentlichkeit«. Insofern nun das »Man« dem Dasein die Frage nach dem »Sinn von Sein« immer schon abnimmt, nimmt es ihm auch den identitätsstiftenden »Entwurf« ab. Das Dasein lebt, wie man lebt, nicht aber so, daß es selbstbestimmt der wird, der es sein will. Die Freiheit und Authentizität der Wahl, die zu einer autonomen Selbstbestimmung gehört und die die Authentizität einer zurechnungsfähigen Person überhaupt erst verbürgt, ist dem Dasein durch das »Man« abgenommen.

Mit der »Verlorenheit in das Man ist über das nächste faktische Seinkönnen des Daseins – die Aufgaben, Regeln, Maßstäbe, die Dringlichkeit und Reichweite des besorgend-fürsorgenden In-der-Welt-seins – je schon entschieden. Das Ergreifen dieser Seinsmöglichkeiten hat das Man dem Dasein immer schon abgenommen. Das Man verbirgt sogar die von ihm vollzogene stillschweigende Entlastung von der ausdrücklichen *Wahl* dieser Möglichkeiten. Es bleibt unbestimmt, wer ›eigentlich‹ wählt. Dieses wahllose Mitgenommenwerden von Niemand, wodurch sich das Dasein in die Uneigentlichkeit verstrickt, kann nur dergestalt rückgängig gemacht werden, daß sich das Dasein eigens aus der Verlorenheit in das Man zurückholt zu ihm selbst.« (SZ 268)

Heidegger verknüpft hier die transzendental und hermeneutisch verfahrende Daseinsanalytik mit dem existenzphilosophischen Motiv, daß das menschliche Dasein sich selbst aus seinen Möglichkeiten versteht, es selbst oder nicht es selbst zu sein, so daß es immer vor der Alternative von Eigentlichkeit und Uneigentlichkeit steht. Das von Sören Kierkegaard (1813–1855) existenzialistisch zugespitzte Motiv der Verantwortung für das eigene Heil übersetzt Heidegger so in die Formel von der Sorge um die eigene Existenz: »Das Dasein ist ein Seiendes, dem es in seinem Sein um dieses Selbst geht.« (SZ 191) Und insofern der Mensch von Hause aus ein ontologisches Wesen ist, dem die Seinsfrage existenziell aufgenötigt ist – Heidegger spricht hier deshalb auch von einer ontischen Verwurzelung der existenzialen Analytik –, ist die Seinsfrage »nichts anderes als die Radikalisierung einer zum Dasein selbst wesenhaft gehörenden Seinstendenz« (SZ 15).

Die These, daß das theoretische Weltverhältnis von unserem praktischen Weltverhältnis abhängig ist, wird damit noch einmal dahingehend verschärft, daß das theoretische und praktische Weltverhältnis von unserem *praktischen Selbstverstehen* abhängig sei. Heidegger behauptet, daß das »Verstehen der Existenz« immer auch ein »Verstehen von Welt« sei. (SZ 146) Das praktische Selbstverstehen der eigenen personalen Ich-Identität würde dann nicht nur das theoretische, sondern auch das praktische Weltverhältnis fundieren.

Nun ist der erste Teil der Abhängigkeitsthese, wonach unser theoretisches Weltverhältnis in unseren praktischen Besorgungen gründet, gut begründet. Problematisch scheint der zweite Teil, insofern das »Verstehen der Existenz« nicht das hermeneutische Verstehen fundieren kann, da es bereits an eine intersubjektiv geteilte Sprache und damit an das hermeneutische Verstehen gebunden ist. Gleichwohl hat Heidegger hier einen wichtigen Aspekt der Selbstbewußtseinsproblematik angesprochen: Er erweitert mit Rekurs auf das praktische Verhältnis zu mir als denkendem und handelndem Subjekt den Begriff des Selbstverhältnisses über den des theoretischen Selbstbewußtseins hinaus, auf den dieser seit Descartes eingeengt war.

Die zur Angst verschärfte Sorge um das eigene Sein, die Heidegger den Leitfaden für die Analyse der zeitlichen Verfassung an die Hand gibt, macht dem Selbst begreiflich, daß dieses sich nicht aus dem »Man« verstehen kann, sondern sich aus seinen Möglichkeiten ergreifen und seine Existenz selbst in die Hand nehmen muß. Und wer dieser Entscheidung auszuweichen versucht, wer die Frage nach dem guten oder nicht verfehlten Leben glaubt aus der Perspektive Dritter beantworten zu können, so daß man nun selbst macht, was »Man« macht, der hat sich schon für ein Leben im Modus der Uneigentlichkeit entschieden.

Und in der Tat. Selbst wenn man den Substantivierungen des Selbst und der als »Man« eingeführten anderen nicht folgen will, so wird man doch einräumen müssen, daß die Frage nach dem »Sinn von Sein«, so sie wirklich radikal gestellt wird, die Möglichkeit des Nicht-mehr-Seins in sich aufnehmen muß. Dieses Nicht-mehr-sein-Können ist die Möglichkeit des Todes. Und dieser ist als die Negation des Lebens die letzte Grenze, vor der sich überhaupt die Frage nach einem guten oder nicht verfehlten Leben sinnvoll noch stellen läßt. Die These für sich, man kann sie die Endlichkeitsthese nennen, scheint also gut begründet, eben weil die unüberschreitbare Möglichkeit des Todes konstitutiv für jede individuelle Sinngebung ist.

Anders als bei Hegel, für den das Selbstbewußtsein erst durch die Negation aller ihm äußerlichen Bedingtheiten Selbständigkeit erlangt, beharrt Heidegger mit Recht auf der nicht reduzierbaren Endlichkeit des »je *eigenen* Daseins«, die weder durch dialektische Aufhebungsprozeduren noch durch theologische Heilsversprechen aus der Welt zu diskutieren ist. Denn im Gegensatz zu Hegel, bei dem das Selbstbewußtsein selbst den eigenen Tod nicht zu scheuen braucht, da es im Tod nur den vermittelten Übergang in die konkrete Ewigkeit der Gattungsvernunft vollzieht, so daß diese als dessen »mit ihm versöhnte« Heimat erscheint[44], erkennt Heidegger, daß mit derartigen Aufhebungsprozeduren die Ermöglichungsbedingungen vergleichgültigt werden, die das endliche Dasein in bestimmten Situationen vor eine Wahl stellt, in der dieses sich selbst wählt.

Von Heidegger läßt sich lernen: Ein unsterbliches Wesen wäre nicht nur ein Unwesen, sondern zugleich ein Wesen, das seinem immerwährenden Dasein überhaupt keinen Sinn abgewinnen könnte. Denn ein Mensch, der seine Sterblichkeit verlöre, würde auch jedes Interesse an den lebensweltlichen Belangen von sterblichen Menschen verlieren. In dieser Hinsicht muß die Frage: »Ist der Tod eine Bedingung der Möglichkeit von *Lebens-Bedeutsamkeit* – oder: von *Lebens-Sinn*?« positiv beantwortet werden.[45] Es ist umstritten, ob dieser existenzielle Befund auch noch eine bedeutungstheoretische Pointe hat, der zufolge ein unsterbliches Wesen mit dem Verlust seiner Sterblichkeit neben dem sinngebenden Interesse an und in der Lebenswelt auch die Fähigkeit zu einer echten Kommunikation mit anderen, nämlich sterblichen Menschen verliert. Wenn dem so wäre, dann müßte sich jedenfalls das »Sein zum Tod« nicht nur als »Bedingung der Möglichkeit von *Lebens-Bedeutsamkeit*« verstehen lassen, sondern auch noch als eine »*subjektiv-existenziale Bedingung*« der Möglichkeit der »*Verstehbarkeit* von Bedeutungen« und damit als eine »notwendige Voraussetzung der Konstitution aller für uns verstehbaren Bedeutungsgehalte.«[46]

Wenn der existenzielle Befund also tatsächlich diese bedeutungstheoretische Pointe hätte, dann müßte sich diese Pointe so ausbuchstabieren lassen, daß dieser Sinn ein öffentlich zugänglicher Sinn ist, da ein nicht öffentlich zugänglicher Sinn ein Un-Sinn ist, zumal mit der Anerkennung der Endlichkeitsthese die Frage nach den Bedingungen der Möglichkeit eines intersubjektiv gültigen Sinnverstehens von etwas als etwas und die Frage nach der Intersubjektivität von sprachlich geteilten Bedeutungen noch nicht beantwortet sind. Und genau dies versucht Heidegger. Ihm zufolge liegt die Pointe der Endlichkeitsthese nicht nur in dem Nachweis, daß sich mit Rekurs auf das »je *eigene* Dasein« die Frage nach dem guten oder gelingenden Leben beantworten lassen muß, sondern auch darin, daß sich mit Rekurs auf dieses Dasein darüber hinaus die Intersubjektivität einer gemeinsamen Lebenswelt und die Intersubjektivität von sprachlich geteilten Bedeutungen verständlich machen läßt. Doch genau dies erweist sich als unmöglich, da sich die Vorgängigkeit der Intersubjektivität der Lebenswelt vor der »Jemeinigkeit« des Daseins einer Begrifflichkeit entzieht, die dem Solipsismus der Husserlschen Phänomenologie verhaftet bleibt.

Das in unserem Zusammenhang relevante Problem resultiert daraus, daß Heidegger die Endlichkeitsthese zur Eigentlichkeitsthese radikalisiert und auf das Problem von Rede und Verstehen überträgt. Heidegger meint, daß das »Verstehen der Existenz« »entweder eigentliches, aus dem eigenen Selbst als solchem entspringendes, oder uneigentliches« sei. (SZ 146) So erweitert er in einem ersten Schritt mit Rekurs auf das praktische Verhältnis zu mir als denkendem und handelndem Subjekt den Begriff des Selbstverhältnisses über den des theoretischen Selbstbewußtseins hinaus. Dann schaltet er in einem zweiten Schritt das praktische Selbstverhältnis vor das hermeneutische Verstehen, so daß dieses in jenem gründet.

Und da das menschliche Dasein sich im Horizont seiner Möglichkeiten ergreifen muß, sofern es nicht ein Leben im Modus der Uneigentlichkeit führen will, begründet die »Eigentlichkeit« das »eigentliche Verstehen«.

Das Gerede und die Neugier

Heidegger hat in *Sein und Zeit* dem »Gerede« – neben der »Neugier« und der »Zweideutigkeit« die dritte Weise, in der das Dasein in seiner Alltäglichkeit sein »Da‹, die Erschlossenheit des In-der-Welt-seins« als Verfallenheit realisiert – einen eigenen Paragraphen gewidmet, in dem er die »existenziale Seinsart der ausgesprochenen und aussprechenden Rede« klären will. Dazu bedarf es nicht nur einer Analyse, wie die »Ausgesprochenheit [...] im Ganzen ihrer gegliederten Bedeutungszusammenhänge ein Verstehen der erschlossenen Welt und gleichursprünglich damit ein Verstehen des Mitdaseins Anderer und des je eigenen In-Seins« »verwahrt«; untersucht werden muß auch, wie sich jeweils das erschlossene bzw. verschlossene Sein zum »Beredeten der Rede« bringt. Heidegger will eine Antwort auf die Frage geben, welches die »existenzialen Charaktere der Erschlossenheit des In-der-Welt-seins« sind, sofern sich dieses alltägliche In-der-Welt-Sein an die »Seinsart des Man hält«. Diese Frage ist schon allein aus dem Grund bedeutsam, weil von ihrer Antwort abhängt, ob dem alltäglichen In-der-Welt-Sein ein »besonderes Verstehen, Reden und Auslegen« eignet.
Um diese Frage zu beantworten, fordert Heidegger eine ontologisch zureichende Explikation jener Seinsart, in der sich das Dasein »zunächst und zumeist« hält. Mit einer solchen ontologischen Explikation ist jedoch noch nicht entschieden, inwieweit Sprache und Verstehen von dieser Seinsart betroffen werden. Die ontologische Explikation des alltäglichen In-der-Welt-Seins ist lediglich eine notwendige, keinesfalls aber eine hinreichende Bedingung, um eine Antwort auf diese Fra-

ge zu finden. Zusätzlich bedarf es einer in »rein ontologischer Absicht« geleiteten Interpretation, wie sich jenes an das »Man« verfallene Dasein zur Sprache bringt. Die Frage, in welcher Seinsart sich das Dasein »zunächst und zumeist« hält, hat Heidegger schon im § 27 des vierten Kapitels von *Sein und Zeit* geklärt: Das »Dasein steht als alltägliches Miteinandersein in der *Botmäßigkeit* der Anderen«. Dieses in fremder Botmäßigkeit stehende und daher fremdbestimmte Dasein ist durch »Abständigkeit, Durchschnittlichkeit und Einebnung« seiner positiven Seinsmöglichkeiten charakterisiert. Der Ort, an dem sich dieses durch das »Man« fremdbestimmte Dasein hält, ist die »Öffentlichkeit«. Ihr attestiert Heidegger nicht nur einen nivellierenden, sondern auch einen autoritären Charakter. Dieser autoritäre Charakter wird wesentlich durch das »*Weiter-* und *Nachreden*« befestigt, und zwar insofern, als in der von Heidegger als »autoritär« apostrophierten Öffentlichkeit die Sache so ist, »weil man es sagt. In solchem Nach- und Weiterreden, dadurch sich das schon anfängliche Fehlen der Bodenständigkeit zur völligen Bodenlosigkeit steigert, konstituiert sich das Gerede.« (SZ 168)

Später, im *Brief über den* »*Humanismus*«, wird Heidegger mit Bezug auf § 27 und 35 sagen, daß diese Öffentlichkeit eine metaphysisch bedingte sei, »weil aus der Herrschaft der Subjektivität stammende Einrichtung und Ermächtigung der Offenheit des Seienden in die unbedingte Vergegenständlichung von allem«. Diese Vergegenständlichung ist auch der Grund, warum »die Sprache in den Dienst des Vermittelns der Verkehrswege« gerät, »auf denen sich die Vergegenständlichung als die gleichförmige Zugänglichkeit von Allem für Alle unter Mißachtung jeder Grenze ausbreitet. So kommt die Sprache unter die Diktatur der Öffentlichkeit. Diese entscheidet im voraus, was verständlich ist und was als unverständlich verworfen werden muß.« (GA 9, 317) Zwar werden im *Humanismusbrief* der »Sprachverfall« und die »Verödung der Sprache« aus einer seinsphilosophischen Perspektive diagnostiziert. Jedoch hier wie in *Sein und Zeit* wird mit dem »Man« eine

Instanz namhaft gemacht, die die Sprache unter die Botmäßigkeit der Öffentlichkeit bringt, so daß diese eben damit
zum Gerede wird. Da das an das »Man« verfallene Dasein sich
nur in der nivellierenden Form der Durchschnittlichkeit aus-
zudrücken vermag – anders als Kant gewinnt Heidegger der
Öffentlichkeit neben der nivellierenden, verdurchschnittli-
chenden und autoritären Seite keine weitere mehr ab –, muß
die auf diese Weise hergestellte Öffentlichkeit zwangsläufig
als Pseudoöffentlichkeit aufgefaßt werden, als eine Öffentlichkeit, die, statt alles zu erhellen, alles verdunkelt und auf
diese Weise das »so Verdeckte als das Bekannte und jedem
Zugängliche« ausgibt. (SZ 127) Das Gerede leistet hierfür das
Seine.

Nun würde man Heideggers Ausführungen über die Verfallenheit des Daseins mißverstehen, wenn man diese »als ›Fall‹
aus einem reineren und höheren ›Urstand‹« auffassen würde.
Heidegger will keine Kulturkritik in der Traditionslinie von
Nietzsche, Georg Simmel (1858–1918), Ludwig Klages (1872–
1956) oder Oswald Spengler (1880–1936) üben. Zwar kennt
auch er jenes »Unbehagen an der Kultur«, das die offen einge-
standene oder aber versteckte Quelle aller lebensphiloso-
phisch inspirierten und kulturkritisch gewendeten Beunruhi-
gung markiert. Und selbst die lebensphilosophische Verhei-
ßung einer leib-seelischen Totalerneuerung läßt sich bei
Heidegger in einer fundamentalontologischen Reformulie-
rung nachweisen – und zwar durchaus auch in einem hand-
fest praktisch-politischen Sinn.[47] Doch Heideggers Versicherung, daß das »Man« nicht eine Abart des Kulturbetriebs
darstellt, ist ernst zu nehmen. »*Das Man ist ein Existenzial
und gehört als ursprüngliches Phänomen zur positiven Verfassung des Daseins.*« (SZ 129) Das gleiche läßt sich nun auch
vom Gerede sagen. Gerade am Gerede wird für Heidegger der
allgemeine Umstand deutlich, daß die Massenkultur eine
Durchschnittskultur ist, die wesentlich von der »Neugier«
und der »Zweideutigkeit« getragen wird. Das Gerede entsteht
also nicht etwa als Bodensatz und Abfallprodukt jener Durch-

schnittskultur, es gehört vielmehr zu jener Seinsart des Miteinanderseins selbst und kann ihr folglich auch nicht »von außen« zustoßen.

Heidegger erläutert diesen Gedanken wie folgt: Die »sichaussprechende Rede« als »Mitteilung« ist durch eine besondere Verständlichkeit kompromittiert, die sich als »Durchschnittlichkeit« charakterisieren läßt. »Gemäß der durchschnittlichen Verständlichkeit, die in der beim Sichaussprechen gesprochenen Sprache schon liegt, kann die mitgeteilte Rede weitgehend verstanden werden, ohne daß sich der Hörende in ein ursprünglich verstehendes Sein zum Worüber der Rede bringt. Man versteht nicht so sehr das beredete Seiende, sondern man hört schon nur auf das Geredete als solches. Dieses wird verstanden, das Worüber nur ungefähr, obenhin; man meint *dasselbe*, weil man das Gesagte gemeinsam in *derselben* Durchschnittlichkeit versteht.« (SZ 168) In der Durchschnittskultur, wo sich alles am Gerede ausrichtet, kann demnach strenggenommen die Mitteilung überhaupt nicht mehr geteilt werden, zumindest nicht in einem »eigentlichen« Sinn. In der durchschnittlichen Verständigkeit gibt es nichts, was sich noch in der Rede teilen ließe, da die durchschnittliche Verständigkeit eine Verständigkeit ist, die bereits geteilt *ist*, so daß hier auch nichts mehr verständig geteilt *werden* muß. Sofern also das Miteinandersein in der »Botmäßigkeit der Anderen« steht, bewegt sich das Miteinandersein auch »im Miteinanderreden und Besorgen des Geredeten«. Und genau damit kann die »Echtheit und Sachgemäßheit der Rede und ihres Verständnisses« nicht mehr garantiert werden.

Der Grund hierfür ist somit nicht darin zu suchen, daß eine Rede, die sich im Miteinanderreden des Beredeten hält, den »primären Seinsbezug« »verloren« hat. Denn solch eine Rede hat diesen »primären Seinsbezug« ja »nie gewonnen« und kann ihn folglich auch nicht verlieren. Und genausowenig darin, daß hier die »Absicht auf Täuschung« vorliegt. Denn wer täuschen will, müßte schon diesen »primären Seinsbezug« hergestellt haben. Nein, das Gerede, das »bodenlose

Gesagtsein und Weitersagen« ist der Grund dafür, daß dieser echte Seinsbezug nicht hergestellt wird. Das Gerede selbst ist die Instanz, die dafür verantwortlich sein soll, daß sich das »Erschließen verkehrt zum Verschließen« – nicht etwa der mehr oder weniger kompetente Sprecher einer Sprache. Im Gerede sieht Heidegger einen Mechanismus eingebaut, der für einen Verkehrungseffekt sorgt, der das Dasein von »den primären und ursprünglichen Seinsbezügen zur Welt, zum Mitdasein [und] zum In-Sein selbst« abschneidet. (SZ 170)

Nun läßt sich die These von der Verfallenheit des Geredes in einem schwachen Sinn und einem starken Sinn verstehen. Verstehen wir sie in ihrer schwachen Variante, dann scheint sie akzeptabel, für Heidegger jedoch nicht verwertbar, wohingegen die These in ihrer starken Variante für Heidegger zwar verwertbar scheint, aber sinnlos wird. Bei der schwachen Variante würden wir den Verstehensbegriff in der Weise verwenden, daß mit ihm das Erfassen eines sprachlichen Sinns bezeichnet wird, wobei sich diese These dann als Ausdruck einer wahrheitssemantischen Bedeutungstheorie begreifen ließe. Wenn wir den Verstehensbegriff so verwenden, heißt das: Wir haben eine Äußerung nicht eigentlich verstanden, wenn wir nicht wissen, worum es im Verlauf eines Gesprächs geht. Das Problem ist nur, daß sich mit dieser Feststellung nicht schon ein Schnitt zwischen einem eigentlichen und einem uneigentlichen Verstehen legen läßt.

Dies kann Heidegger nicht genügen. Er muß darüber hinaus zeigen, daß das Gerede per se keinen »primären Seinsbezug zum beredeten Seienden« und damit zu den »Sachen selbst« herstellen kann – wobei der Grund hierfür in der Öffentlichkeit als Öffentlichkeit liegen soll. Und nur wenn Heidegger dies plausibel machen kann, ließe sich aus der Unterscheidung von Eigentlichkeit und Uneigentlichkeit ontologisches Kapital in bezug auf das Problem von Sprache und Verstehen schlagen. Heidegger muß die starke Variante der Verfallenheitsthese vertreten, sofern er sie kritisch gegen das Gerede richten will. Dazu verkoppelt er zwei Thesen: erstens die These vom »Sein zum Tode« als Bedingung der Möglichkeit einer Wahl, die in negativer Hinsicht die »objektive Wir-Welt« außer Kraft setzt und in positiver Hinsicht den transzendentalen Sinnhorizont freilegt, der Eigentlichkeit verbürgt. Und zweitens die These, daß im Modus der Eigentlichkeit ein diesem Modus entsprechendes Reden vorliegt – eben eine eigentliche Rede. Genau dadurch wird jedoch die Verfallenheitsthese sinnlos. Denn die von Heidegger anvisierte eigentliche Rede ist eben nicht einfach das Kontrastbild zum uneigentlichen Gerede, etwa eine Rede, die den gekappten »Seinsbezug zum beredeten Seienden« wiederherstellt, sondern eine Rede, die sowohl von allen Bezügen zum Mitsein als auch von allen Bezügen zur beredeten Sache abschneidet – wobei Heideggers Versicherung, daß es überhaupt diesen »primären Seinsbezug« gibt, ohnehin alles andere als plausibel ist.

Das, was Heidegger im Hinblick auf das uneigentliche Gerede anmerkt, läßt sich noch in viel schärferer Form über die eigentliche Rede feststellen: Diese Rede wäre nicht nur »bodenlos«, »nichtig«, »unecht« und »sachwidrig«; sie wäre eine Rede, die nur das Stillschweigen bewahrt. Im Modus der Eigentlichkeit ist weder eine eigentliche Rede noch ein eigentliches Verstehen möglich, da hier nur andächtig geschwiegen werden kann. Es ist daher kein Zufall, wenn Heidegger schon in *Sein und Zeit* behauptet, daß das Reden »eine andere wesenhafte Möglichkeit« hat: »das *Schweigen*« (SZ 164).

So richtig es also ist, daß die Endlichkeit des Daseins eine Bedingung der Möglichkeit dafür ist, daß etwas in der Welt für uns als bedeutsam erscheint, so wenig folgt daraus, daß die Bedingungen der Möglichkeit der Verstehbarkeit von sprachlich geteilten Bedeutungen nur von den Endlichkeitsbedingungen des »je *eigenen* Daseins« abhängig sind, das sich im Modus der Eigentlichkeit authentisch auf seine Möglichkeiten entwirft. Dem widerspricht zum einen, daß für die sprachliche Verständigung in einer intersubjektiv geteilten

Sprache die Orientierung am »je *eigenen* Dasein« nicht konstitutiv sein kann, und zum anderen, daß eben diese Sprache das »je *eigene* Dasein« transzendiert. Denn eine intersubjektiv geteilte Sprache als Bedingung der Möglichkeit des Verstehens von »Tod« macht überhaupt erst ein intersubjektiv gültiges wie auch ein existenziell bezogenes Verständnis dafür möglich, was »Tod« überhaupt bedeutet.[48] In dieser Hinsicht verhält es sich genau umgekehrt, wie von Heidegger behauptet: Nicht das »Verstehen der Existenz« fundiert das hermeneutische Verstehen, sondern dieses fundiert jenes.

Die eigentliche Rede, Privatsprache und Intersubjektivität

Obgleich Heidegger also das Mitsein als einen konstitutiven Zug des alltäglichen In-der-Welt-Seins ausgewiesen hat, meint er sich am »je *eigenen* Dasein« orientieren zu können, um das plausibel zu machen, was er ein eigentliches Reden nennt. Die Orientierung am »je *eigenen* Dasein« soll nicht nur für die authentische Wahl konstitutiv sein, sondern auch für ein Reden, das er als »eigentlich« bezeichnet. Dies hat mißliche Konsequenzen. Nicht nur, daß Heidegger nicht zeigen kann, wie dieses eigentliche Verstehen und Reden zu verstehen ist. Obendrein läuft er in hermeneutischer Hinsicht Gefahr, ein Problem zu rehabilitieren, das in erkenntnistheoretischer Hinsicht seiner eigenen Sinnkritik an den Voraussetzungen der Bewußtseinsphilosophie verfiel: das Problem, wie das »erkennende Subjekt aus seiner inneren ›Sphäre‹ hinaus in eine ›andere und äußere‹« kommt.

Zwar konnte Heidegger in bezug auf die Subjekt-Objekt-Relation der neuzeitlichen Erkenntnistheorie dieses Problem, und damit verbunden das Problem des erkenntnistheoretischen Solipsismus, als ein Scheinproblem enttarnen, es kehrt jedoch in modifizierter Gestalt wieder, nämlich in der Subjekt-Subjekt-Relation der sprachlich vermittelten Interaktion. Heidegger hat sich stets geweigert, das Erkennen als »Zurückkehren des erfassenden Hinausgehens mit der gewonnenen Beute in das ›Gehäuse‹ des Bewußtseins« (SZ 62) zu begreifen, eben weil die »Klärung des In-der-Welt-seins« zeigte, »daß nicht zunächst ›ist‹ und nie gegeben ist ein bloßes Subjekt ohne Welt. Und so ist am Ende ebensowenig zunächst ein isoliertes Ich gegeben ohne die Anderen«, da diese immer schon mit dem »In-der-Welt-sein *mit da sind*« (SZ 116). Doch auf der hermeneutischen Ebene wird das Dasein genau in dieses »Gehäuse« gesperrt, so es denn eigentlich redet. Damit taucht für Heidegger das Problem des Solipsismus in Gestalt einer Privatsprache wieder auf. Sollte das Mitsein ursprünglich das Dasein vor dem Gang in den erkenntnistheoretischen Solipsismus bewahren, so tut sich nun mit der eigentlichen Rede der Gang in den »existenzialen ›Solipsismus‹« auf. (SZ 188)

Wohl versichert Heidegger, daß der »existenziale ›Solipsismus‹« das Dasein nicht als ein »isoliertes Subjektding in die harmlose Leere eines weltlosen Vorkommens« versetzt, sondern gerade erst im eigentlichen Sinn »vor seine Welt« und »vor sich selbst als In-der-Welt-sein bringt«. »Nur die alltägliche Vertrautheit« soll zusammenbrechen. Zu dieser zählt aber ganz offenkundig auch das Sprachspiel, in dem und aus dem wir uns selbst verstehen. Bricht dieses tatsächlich zusammen, stellt sich das Problem des Solipsismus in Form einer Privatsprache. Wie es scheint, ist Heidegger noch in der Kritik an der bewußtseinsphilosophischen Intersubjektivitätstheorie jenen Prämissen verhaftet, gegen die er opponiert. Denn auch seine Intersubjektivitätstheorie geht methodisch vom »je *eigenen* Dasein« aus – zumindest was den Modus der Eigentlichkeit anbetrifft. Und dieses Dasein trägt alle Züge eines phänomenologisch reduzierten Seins. So wie Husserl gegenüber dem »Hineindenken« und »Hineinhandeln« eine phänomenologisch geänderte Haltung fordert – eine Haltung, die es dem Epoché übenden Phänomenologen nicht nur gestatten soll, die »Generalthesis der natürlichen Einstellung« zu suspendieren, sondern die es ihm gleichzeitig erlaubt, kraft phänomenologischer Selbstreflexion eine Basis absoluter Unbezweifelbarkeit einzunehmen, von der aus der Begründungsregreß gestoppt und weitere Fragen nach Rechtfertigung als sinnlos abgewiesen werden können –, so fordert auch Heidegger, gegenüber dem Hineindenken, Hineinhandeln und Hineinsprechen des alltäglichen In-der-Welt-Seins eine existenzial geänderte Haltung einzunehmen. Das Ziel liegt dabei darin, das Dasein im Modus der Eigentlichkeit vor den Relativitäten und der Situiertheit des alltäglichen In-der-Welt-Seins zu retten. Heidegger hat zwar die phänomenologische Reduktion vom Zwang des Methodischen entbunden. Die Vereinzelung wird von ihm als ein existenzieller Vollzug begriffen, während die phänomenologische Reduktion eine vom unbeteiligten Zuschauer gehandhabte Methode darstellt. Doch durch die Forderung, eigentliches Reden und Verstehen habe sich am Modus der Eigentlichkeit auszurichten, reproduziert Heidegger das Intersubjektivitätsproblem auf existenzialontologischer Ebene.

Damit gehen Heidegger die Explikationsgewinne, die er mit der Mitseinsanalyse durch die Kritik an den Voraussetzungen der neuzeitlichen Bewußtseinsphilosophie gewonnen hat, auf der Ebene der Begründung eines eigentlichen Redens wieder verloren. Angelangt am Eingangstor der Eigentlichkeit, führt von hier kein Weg zurück in eine intersubjektiv geteilte Lebenswelt. Heideggers Fundamentalontologie kann die »vom platonistischen Logizismus übersehene Frage nach der *subjektiv-existenzialen Konstitution* verstehbarer ›Bedeutsamkeit‹ [...] beantworten, nicht aber die Frage nach den *Gründen der Möglichkeit intersubjektiv gültiger Bedeutungen*«.[49] Was Heidegger als lebensweltliche Tatsache anerkennt, kann er fundamentalontologisch nicht mehr verständlich machen: eine sprachlich erschlossene und intersubjektiv geteilte Lebenswelt. Die einzigartige existenzielle Einsamkeit kann er nur zu einer solipsistisch-transzendentalen Einsamkeitsgemeinschaft universalisieren, nicht jedoch in einer intersubjektiv geteilten Wir-Welt aufheben. Denn das »Man« ist das Wir. Und die »öffentliche‹ Wir-Welt« (SZ 65) ist die öffentliche »Man-Welt«, von der es gerade loszukommen gilt, weshalb Heidegger am Ende auch keinen Ort mehr hat für eine symmetrische Ich-Du-Begegnung von Dasein zu Dasein im Mitsein.

Ausdrücklich wendet sich Heidegger dagegen, die Ich-Du-Beziehung als »die grundlegende soziale Struktur« zu betrachten[50], von der aus sich neben dem Problem der Intersubjektivität auch das der Erschließungsleistungen des Daseins erklären ließe. Gegen die Dialogik von Martin Buber (1878–1965) und Franz Rosenzweig (1886–1929) und gegen seinen ersten Habilitanden Karl Löwith (1897–1973) gewandt, der in seiner bei ihm verteidigten Habilitation die dialogische Ich-Du-Beziehung als konstitutiv für Reden und Verstehen herausstellte[51], verteidigt Heidegger seine Position mit dem Argument, daß es ein Irrtum sei »zu meinen, die Ich-Du-Beziehung sei als solche primär konstitutiv für die mögliche Entdeckung der Welt« (GA 25, 315). Konstitutiv für diese sei vielmehr das »je *eigene* Dasein« und dessen Transzendenz, durch die es überhaupt erst »mit einem anderen Selbst qua Du in der Welt sein« kann. Und genau dies ist der Grund, warum Heidegger das Problem der dialogischen Sinnkonstitution nicht lösen kann. Zwar vermag Heidegger mit dem Konzept der lebensweltlichen Verweisungszusammenhänge den fraglosen Kontext von Verständigungsvorgängen thematisch zu machen. Mit dem Rekurs auf eine eigentliche Rede verwandelt er jedoch seine großartige Erkenntnis in eine Absurdität. Denn eine eigentliche Rede wäre eine Rede, die keiner mehr verstehen könnte – letztlich noch nicht einmal der, der sie zu sprechen können glaubt.

Eine solche Rede können wir im Anschluß an Wittgenstein als Privatsprache bezeichnen. Sie ist durch zwei Merkmale charakterisiert: Sie ist erstens eine Sprache, die sich nur auf »unmittelbare private« Evidenzen des Sprechers dieser Sprache bezieht, und sie ist zweitens eine Sprache, die ein anderer nicht verstehen, übersetzen oder interpretieren kann, da er prinzipiell keinen Zugang zu den privaten Evidenzen des Sprechers dieser Sprache besitzt. Eine Privatsprache ist also nicht eine Sprache, die nur eine einzelne Person spricht, etwa so, wie man auch allein Schach oder Halma spielen kann. Sie bildet als Variante einer solipsistischen Bedeutungstheorie das Gegenstück zur epistemologischen Position des cartesianischen Skeptikers im Hinblick auf die Existenz der Außenwelt.

Wie Wittgenstein gezeigt hat, wäre der Sprecher einer solchen Privatsprache nicht in der Lage, die Bedeutung sprachlicher Ausdrücke so zu definieren, daß man sinnvoll davon sprechen könnte, er habe die sprachlichen Ausdrücke in Übereinstimmung mit ihrer jeweiligen Bedeutung gebraucht. Denn dazu bedürfte es der Bezugnahme auf die *öffentliche Praxis* des alltäglichen In-der-Welt-Seins, genauer, auf die Fähigkeit, einer Regel zu folgen. Und einer Regel, so die Pointe von Wittgenstein, kann man nicht privatim folgen. Wenn nun aber die öffentliche Praxis des alltäglichen In-der-Welt-Seins eine notwendige Bedingung dafür ist, die »Zuordnung von Zeichen und Bedeutungen« kontrollierbar zu halten, und wenn die sinnvolle Regelanwendung sich nur im Kontext der »Gepflogenheit« einer konkreten »Lebensform« verstehen läßt, dann stellt sich der Privatsprachler, sofern er sich aus dieser öffentlichen Praxis des alltäglichen In-der-Welt-Seins verabschiedet, nicht nur einfach außerhalb dieser Praxis. Er verabschiedet sich zugleich aus der intersubjektiv verstehbaren Sprache.

Nun ließe sich eventuell auch im Kontext von *Sein und Zeit* ein solches Privatsprachenargument denken. Analog zu Wittgenstein zeigt ja auch Heidegger, daß der Skeptiker etwas stillschweigend voraussetzt, was er skeptisch in Frage stellt: die Realität der Außenwelt. Nach Heidegger hat es keinen »›wirklichen‹ Skeptiker ›gegeben‹«, da ein solcher Skeptiker, sofern er wirklich konsequent wäre, gar nicht widerlegt zu werden bräuchte. Und zwar deshalb nicht, weil, anders als es die harmlosen »formal-dialektischen Überrumpelungsversuche gegenüber dem ›Skeptizismus‹ wahrhaben« wollen, der Skeptizist »in der Verzweiflung des Selbstmordes das Dasein und damit die Wahrheit ausgelöscht« hat. (SZ 229) Heidegger geht also davon aus, daß der Skeptiker, wenn er seine Skepsis sinnvoll vortragen will, »immer schon« etwas präsupponieren muß, was sich nicht mehr zweifelnd in Frage stellen läßt. Von daher sei es auch sinnlos und skandalös, einen Beweis der Außenwelt zu fordern, weil eventuell alles nur mein Traum sein könnte.

Wenn Heidegger diese sinnkritische Widerlegung des erkenntnistheoretischen Skeptizismus sprachphilosophisch verallgemeinert hätte, wäre er hinsichtlich der Möglichkeit einer Privatsprache zu einem ähnlichen Resultat gekommen wie Wittgenstein. Denn in sprach- und bedeutungstheoretischer Hinsicht ist eine Privatsprache lediglich das Gegenstück zur erkenntnistheoretischen Skepsis. Eine solche sprachphilosophische Verallgemeinerung jener sinnkritischen Widerlegung des epistemologischen Skeptizismus sucht man bei Heidegger allerdings vergeblich. Denn hierzu hätte er sich am öffentlichen Gebrauch einer intersubjektiv geteilten Sprache orientieren müssen. Eine solche Orientierung böte nicht nur die Möglichkeit, die Bedeutung sprachlicher Ausdrücke durch ihren Gebrauch innerhalb bestimmter »Sprachspiele« zu erklären. Gleichzeitig würde diese Orientierung auch die Möglichkeit eröffnen, den Ge- und Mißbrauch sprachlicher Ausdrücke in den Leerlaufspielen der Philosophie, in den Wissenschaften und eben auch in der Alltagssprache einer immanent ansetzenden Kritik zu unterziehen.

Statt dessen meint Heidegger, die Sprache des lebensweltlichen Alltags fundamentalontologisch durch die Freilegung einer eigentlichen Rede überbieten zu können. Es ist die unsägliche Forderung nach Eigentlichkeit, die in sprachphilosophischer Hinsicht jenes Problem rehabilitiert, das Heidegger in bezug auf die neuzeitliche Erkenntnistheorie sinnkritisch verabschiedet hat. Denn mit eben dieser Orientierung »am je

eigenen Dasein« ist die Immanenz der Monade nicht zu brechen. So wie bei Husserl durch »die Methode der phänomenologischen Reduktion« jeder cartesianisch Meditierende
»auf sein transzendentales Ego zurückgeführt und natürlich
mit seinem jeweiligen konkret-monadischen Gehalt als dieses faktische, als das eine und einzige absolute Ego« konfrontiert wird, so wird bei Heidegger abzüglich der phänomenologischen Reduktion im Sinne eines methodischen
Verfahrens ein Solipsismus restauriert, der das Problem der
Privatsprache mit sich führt.

So überschattet die aus der Unbezüglichkeit des eigenen
Selbst erwachsende Einsamkeit jedes kommunikative Verstehen und macht in letzter Konsequenz Kommunikation als
Kommunikation unmöglich. Das Dasein der anderen mutiert
zu einer Pluralität von abgeschlossenen Monaden, die in ihrem Inneren die Jemeinigkeit unzugänglich enthält.[52] Wie
bereits bemerkt: Insofern bei Heidegger ähnlich wie bei Kierkegaard die »Eigentlichkeit zum sich selbst verhaltenden Verhältnis wird, unter dem sich nichts mehr denken läßt«, ist sie
gerade das nicht, was sprachliche Verständigung immer
schon voraussetzt: ein gesellschaftliches und soziales Verhältnis zu anderen. Konstituiert sich im Mitsein kein eigentliches Selbst, da das Mitsein ja lediglich als ein ko-determinie-
render Faktor bezüglich von Eigentlichkeit erscheint, und
noch dazu als ein negativer, gewinnt das Dasein seine Eigentlichkeit ohne positive Möglichkeit des Mitseins, so heißt das,
daß hier so etwas wie ein eigentliches Reden und Verstehen
nicht stattfinden kann. Die »Kluft«, die Heideggers Sozialontologie zwischen Eigentlichkeit und Uneigentlichkeit auf-
reißt, ist für ihn hermeneutisch nicht mehr überbrückbar.
Insofern wiederholt die Mitseinsanalyse nicht nur die Husserlsche Intersubjektivitätstheorie auf existenzialontologischer Ebene, sondern radikalisiert und verschärft sie zugleich.

Die dialogische Struktur des sprachlichen Verstehens verliert
sich zugunsten einer monadologischen Konstruktion eines

Ich, das eigentlich keine Antwort mehr auf seine Sprachangebote ermöglicht. Sprache entpuppt sich als Monolog, dessen Zentrum das je eigene Selbst ist. Dieses Selbst ist auf eine Imagination festgelegt, die als primäre Selbstverständigung funktioniert und der gegenüber alle Sprachangebote des alltäglichen In-der-Welt-Seins wie ideologische Überfremdungen erscheinen. Die Konzeptualisierung des Todes als eine Bedingung für Eigentlichkeit hat also nicht nur die Konsequenz, daß Heidegger mit diesem Projekt das Prinzip der Selbsterhaltung in seiner traditionellen Form verabschiedet, er stellt damit außerdem das Funktionieren der konventionellen Sprache und ihren sozialen Bedeutungsgehalt vom Monolog her in Form einer Privatsprache in Frage – womit sich bereits in *Sein und Zeit* andeutet, daß Heidegger das »Wesen der Sprache« aus dem »Wesen der Dichtung« erklärt. (GA 4, 43)

Nun ist klar, daß der Monolog für die sprachliche Verständigung mittels identischer Bedeutungen nicht konstitutiv sein kann. Denn die Teilnahme an sprachlichen Interaktionen erfordert nicht nur die Verwendung von sprachlichen Symbolen, was an die Kompetenz gebunden ist, einer Regel zu folgen, sondern auch die adressierende Einstellung zwischen Ego und Alter ego. Gerade diese adressierende Einstellung wird aber durch die Orientierung am »je *eigenen* Dasein« systematisch verfehlt. Die Folge davon ist, daß der Monolog den Dialog aufzehrt. Dieser Dialogverlust bildet in seiner Konsequenz die Kehrseite des *intersubjektivitätstheoretischen Negativismus,* den die Prämissen der Mitseinsanalyse erzwingen. Der monadologische Einsatz beim »je *eigenen* Dasein« nötigt Heidegger, die intersubjektive Beziehung zwischen Dasein und Dasein im Mitsein aus der Perspektive eines einzelnen Bewußtseins zu rekonstruieren, wodurch der Verständigungsprozeß in zwei disparate Teile zerfällt: in die Kundgabe eines Sprechers einerseits und in die Kundnahme eines Hörers andererseits. Zwar versichert uns Heidegger, daß das Sprechen genauso wie das Hören für das Reden und das Verstehen konstitutiv ist. Da jedoch die »zweite Person nur in der nivellierenden Form der *anderen* Person, aber nicht als mein Partner oder als das Du eines Ich«[53] erscheint, ist eine sprachlich erzeugte Intersubjektivität der Verständigung nicht plausibel zu machen.

Damit gerät das gesamte Sprachkonzept, so wie Heidegger es in *Sein und Zeit* vertritt, in eine Krise. Denn wenn das Prädizierte »eigentlich« überhaupt nicht kommuniziert werden kann, weil es im Modus der Eigentlichkeit überhaupt keine intersubjektiv verstehbare Sprache gibt und weil jede Prädikation die Vorgängigkeit des Seins kompromittieren würde, dann kann Sprache letztlich nichts anderes mehr kommunizieren als ein gänzlich Leeres. Wollte Heidegger anfänglich darüber sprechen, worüber Wittgenstein zu schweigen vorzog, so wird ihm schließlich dieses Leere, das absolut Unausdrückbare, das aller Prädikation Enthobene unter dem Namen »Sein« zum erschweigbaren *Ens realissimum*.

So hat denn Heidegger im Anschluß an Dilthey und Husserl das Verstehen und die Sprache als Grundzug des menschlichen Daseins eingeführt und auf die konstitutive Rolle des Vorverständnisses aufmerksam gemacht, das dem Zu-tun-Haben mit der gleichen Sache entspringt. Insofern er aber mit der Orientierung am »je *eigenen* Dasein« dem Auslegungsmodell des Verstehens eine einseitige, sprich monologische Wendung gibt, wird es ihm unmöglich, das Problem des sprachlichen Sinnverstehens zu lösen. Im Unterschied zu Beobachtungen, die jeder für sich allein tätigt, ist Sinnverstehen solipsistisch nicht durchführbar. Sinnverstehen erfordert die Aufnahme einer intersubjektiven Beziehung mit dem Subjekt, das die Äußerung hervorbringt, die verstanden werden soll. Sprachliche Bedeutungen können nur von innen, d.h. aus der performativen Einstellung von Kommunikationsteilnehmern erschlossen werden.

Heideggers Antipode Wittgenstein wußte: Identische Bedeutungen liegen für sprechende und handelnde Subjekte dann und nur dann vor, wenn sie einer *Regel* folgen. Im Begriff der

Regel vereinigen sich die Identität der Bedeutung mit der Intersubjektivität ihrer Geltung. Die Intersubjektivität der Regelgeltung und die Identität sprachlicher Bedeutungen erläutern sich wechselseitig. Und ein einzelnes Subjekt kann eben keiner Regel folgen. Dazu bedarf es immer schon eines weiteren Subjekts. Denn wenn A einer Regel folgt, so folgt A ihr immer nur dann, wenn B derselben Regel folgt. Im Begriff der Regel ist impliziert, daß das, was A seiner Orientierung zugrunde legt, im Wandel identisch bleibt. Das heißt aber, es muß mindestens ein weiteres Subjekt B geben, das überprüfen kann, ob A im gegebenen Fall auch wirklich der Regel folgt. Und genau darum »ist ›der Regel folgen‹ eine Praxis. Und der Regel zu folgen glauben ist nicht: der Regel folgen. Und darum kann man nicht der Regel ›privatim‹ folgen, weil sonst der Regel zu folgen glauben dasselbe wäre, wie der Regel folgen.«[54] Und genau diese gemeinsame Orientierung an einer intersubjektiven Praxis kann Heidegger durch die Orientierung am »je *eigenen* Dasein« nicht garantieren.

So wie das Problem der Intersubjektivität unter den angenommenen Prämissen eines Daseins, das sich nur in der Einsamkeit authentisch auf seine Möglichkeiten entwerfen kann, nicht zu lösen ist, so ist auch die Identität der sprachlichen Bedeutungen für Heidegger nicht zu erklären, die sich in der Mannigfaltigkeit ihrer jeweiligen sprachlichen Realisierungen als eine Identität im Wandel durchhält. Denn die Bedeutung sprachlicher Ausdrücke läßt sich nicht, wie Heidegger es versucht, mit einer »Humpty-Dumpty-Auffassung«[55] der Sprache plausibel machen, sondern nur mit Bezug auf die Regelstruktur der Sprache. Heidegger erkennt das in der Folge. Er erkennt, daß das Dasein zu guter Letzt gezwungen ist, dem Rückzug des Seins aus der defizitären Verständigungspraxis des Alltags ohnmächtig zuzusehen. Und er erkennt, freilich ohne sich von der »Humpty-Dumpty-Auffassung« zu lösen, daß das Problem der Intersubjektivität unter fundamentalontologischen Prämissen nicht gelöst werden kann. Darum versucht er, auf ontologisch noch tiefere

Fundamente zurückzugreifen. Diese Fundamente sind aber innerhalb des Daseins, wie es in *Sein und Zeit* konzipiert ist, nicht aufweisbar.

Zwar wurde das erzeugende Subjekt aus dem Reich des Intelligiblen herausgeholt und in die Dimension der Lebenswelt hineingestellt, zwar wurde die Subjektphilosophie, indem die transzendentale Fragestellung einen ontologischen Sinn erhielt, durch die tiefergreifende Begrifflichkeit einer transzendental verfahrenden Existenzialontologie überwunden, die mit dem Begriff der »Erschlossenheit« die Ermöglichungsbedingungen der Prädikation thematisch machen wollte. »Jedoch gerade die konkreten Analysen der Erschlossenheit in *Sein und Zeit*, in welchen diese in ihrer ›Endlichkeit‹ herausgestellt wird, mußten zu der Erkenntnis führen, daß das Dasein die Begründungsfunktion, die ihm hier noch transzendental-philosophisch zugemutet wurde, nicht mehr tragen kann. Die nachherige ›Kehre‹ ist von vornherein im Sachgehalt der neuen Problematik enthalten.«[56]

In seiner Spätphilosophie sucht Heidegger darum nach einer Alternative, um aus der »fundierenden Kommunikationslosigkeit« des Daseins herauszukommen.[57] Nicht mehr aus dem Dasein, sondern aus dem Sein will er nun philosophieren. Er spricht jetzt dem Sein, nicht mehr dem Dasein die welterschließende Kraft zu. Damit wird das Problem der Intersubjektivität gegenstandslos. Allerdings waltet jetzt dafür im grammatischen Wandel der sprachlichen Weltbilder das Sein. Die sinnschöpfende Potenz der Sprache, der Sprache als *poesis*, erhält damit den Rang eines mystischen Absoluten. Heidegger glaubt die Theorie durch Poetisierung retten zu können; er sucht mit Hölderlin elementare und damit unverbrauchte Urworte zu isolieren, mit denen er nicht nur hinter die Metaphysikgeschichte zurückgreifen kann, sondern auch noch die Fundamente der Sprache freilegen will, die vor aller Vermittlung liegen. Damit teilt er auf eigenartige Weise jene »krude Vorstellung von der Archaik der Sprache«, der sich auch Carnap, sein positivistischer Widerpart, nicht entringen konnte. Freilich mit dem Unterschied, daß dieser die Archaik als Rückstand beklagt, wohingegen jener sie als Segen preist.[58]

Wahrheit und Welterschließung

Mit der Radikalisierung der neuzeitlichen Grundlagendiskussion wurde es Heidegger durch den Rückgang auf das alltägliche In-der-Welt-Sein möglich, eine der Reflexionsphilosophie unzugängliche Thematik zu entfalten: die Thematik der Erschlossenheit. Im folgenden sollen nun jene Konsequenzen diskutiert werden, die sich für das Wahrheitsproblem daraus ergeben, daß die Abkünftigkeit der Aussage gegenüber dem existenzial-hermeneutischen Logos des Verstehens nachgewiesen wird. Denn eben dieser Nachweis führt Heidegger nicht nur zu der These, daß der »Sinn von Sein« abhängig ist von unseren horizontbildenden Grundbegriffen des alltäglichen In-der-Welt-Seins, sondern gleichzeitig zu einer Revision des Wahrheitsbegriffs, so daß dieser am Ende mit Erschlossenheit zusammenfällt.

Für Heidegger ist die Bewußtseinsphilosophie dadurch charakterisiert, daß sie die Welt als die Gesamtheit all dessen begreift, was er »Vorhandenheit« nennt. Die Weltlichkeit dieser Welt ist von Kant in der *Kritik der reinen Vernunft* in Form einer »apriorischen Sachlogik des Seinsgebietes Natur« (SZ 11) auf ihren philosophischen Begriff gebracht worden. Hieran nimmt Heidegger zunächst keinen Anstoß. Ausdrücklich betont er, daß »der positive Ertrag von Kants *Kritik der reinen Vernunft* in der Herausarbeitung dessen« besteht, »was zu einer Natur überhaupt gehört, und nicht in einer ›Theorie‹ der Erkenntnis«. Heidegger, der die Kantische Vernunftkritik nicht als Erkenntnistheorie, sondern als Regionalontologie der Natur interpretiert, moniert in diesem Zusammenhang, daß die ontischen Erkenntnisarten, die die kategoriale Verfassung der natur- und geisteswissenschaftlichen Objektbereiche klären, sich nicht, wie es der methodische Formalismus des Neukantianismus nahelegt, als freischwebende kognitive Leistungen begreiflich machen lassen. Da sich die wissenschaftlichen Objektbereiche überhaupt erst durch eine in transzendentaler Einstellung vorgenommene Analyse des vorgängigen Seinsverständnisses des alltäglichen In-der-Welt-Seins erschließen, dieses vorgängige Seinsverständnis den nicht hintergehbaren Horizont des wissenschaftlichen Fragens bildet, muß zunächst die ursprüngliche Welt gefunden werden, wenn nach dem ursprünglichen »Sinn von Sein« gefragt werden soll.[59]

Dies ist jedoch so lange nicht möglich, solange sich die Ontologie an der Aussagenlogik orientiert, da durch die Orientierung an der Aussage der ursprüngliche Weltbegriff und damit eben auch der spezifische Sinn von Erschlossenheit preisgegeben werden. Indem das horizontbildende Hintergrundverständnis in die Einzelbeziehungen zwischen »Wort und Gegenstand« verlagert und die Unabhängigkeit von beiden behauptet wird, wird in der Aussagenlogik darüber hinweggetäuscht, daß das Benennen kein ursprünglicher Taufakt ist, da »schon viel in der Sprache vorbereitet sein muß, damit das bloße Benennen einen Sinn hat«[60].

Dies kann man sich leicht an einem Beispiel von Heidegger klarmachen. Die Aussagenlogik, so behauptet Heidegger, hat den Satz »Der Hammer ist schwer« »vor aller Analyse [...] immer schon logisch verstanden«. Fragt man nun nach dem Grund, warum dieser Satz »immer schon« verstanden werden kann, dann lautet die Antwort: Weil hier als »Sinn‹ des Satzes [...] ›Der Hammer hat die Eigenschaft der Schwere!‹« schon (unthematisch) vorausgesetzt, nicht aber in transzendentaler Einstellung freigelegt ist. Eben diese unthematischen Voraussetzungen gedenkt Heidegger mit der Erschlossenheitsanalyse thematisch zu machen.

Erschlossenheit ist »durch Befindlichkeit, Verstehen und Reden konstituiert und betrifft gleichursprünglich die Welt, das In-Sein und das Selbst« (SZ 220). Daher wird nicht schon mit dem apophantischen »Als« der Aussage, sondern erst mit der »*Erschlossenheit* des Daseins das *ursprünglichste* Phänomen der Wahrheit erreicht«. Diese Feststellung ist alles andere als trivial. Sie ist sowohl für Heideggers Erschlossenheitsanalyse als auch für seine Wahrheitstheorie grundlegend. Aus der Bestimmung, daß das Dasein wesentlich seine Erschlossenheit ist, folgert Heidegger, daß es damit auch »*in der Wahrheit*« ist. Oder wie er an anderer Stelle sagt: »Wahrheit setzen ›wir‹ voraus, weil ›wir‹, seiend in der Seinsart des Daseins, ›in der Wahrheit‹ *sind*.« (SZ 227)

Dieses Verständnis von Wahrheit als basaler Begriff, der weder aus einem anderen ableitbar noch durch einen anderen substituierbar ist, bedeutet nicht, daß wir Wahrheit im Sinn einer platonistischen Wahrheitsauffassung als etwas Subjekttranszendentes voraussetzen – als etwas »»außer‹ und ›über‹ uns« Seiendes. Und damit ist auch nicht gemeint, daß das Dasein, so es »in der Wahrheit« ist, immer auch Aussagen über Seiendes macht. Die These, daß das Dasein »in der Wahrheit« ist, hat einen ontologischen Sinn. Mit dem transzendentalen Rückgang auf das ursprüngliche Phänomen der Erschlossenheit soll nicht nur Erschlossenheit als Wahrheit verständlich gemacht werden, sondern gleichzeitig die traditionelle Wahrheitsauffassung – Wahrheit verstanden als Übereinstimmung zwischen einer Aussage und einem Sachverhalt – eine klärende Vertiefung erhalten. Philosophie als »universale phänomenologische Ontologie, ausgehend von der Hermeneutik des Daseins«, soll zeigen, daß »jede Erschließung von Sein als des transcendens [...] *transzendentale Erkenntnis [ist]. Phänomenologische Wahrheit (Erschlossenheit von Sein) ist veritas transcendentalis*« (SZ 38).

Heidegger will also nicht vordringlich die traditionelle Wahrheitsauffassung demontieren. Wie er betont, geht auch er vom »traditionellen Wahrheitsbegriff« aus, was insofern nicht verwundert, als die Korrespondenztheorie der Wahrheit die Grundintention der Aussagenwahrheit formuliert, so daß diese von allen Wahrheitstheorien vorausgesetzt wird.

Gleichzeitig jedoch meint er, daß man das »*ursprüngliche* Phänomen der Wahrheit« mißverstehen würde, wenn die Idee der Wahrheit auf die Idee der »Übereinstimmung« bezogen werde – etwa im Sinn »irgendeiner heutigen Urteilstheorie«. Nach Heidegger geht es darum, den Wahrheitsbegriff von der Idee der »Übereinstimmung« »freizuhalten«, da eben mit dieser Idee jene verhängnisvolle Entwicklung in der Wahrheitstheorie in Gang gesetzt wurde, die Heidegger als Sackgasse begreift: die aussagenmäßige Übereinstimmung einer Aussage mit einem Gegenstand.

Diese »traditionelle« Auffassung des Wesens der Wahrheit geht von drei Thesen aus. »1. Der ›Ort‹ der Wahrheit ist die Aussage (das Urteil). 2. Das Wesen der Wahrheit liegt in der ›Übereinstimmung‹ des Urteils mit seinem Gegenstand. 3. *Aristoteles*, der Vater der Logik, hat sowohl die Wahrheit dem Urteil als ihrem ursprünglichen Ort zugewiesen, er hat auch die Definition der Wahrheit als ›Übereinstimmung‹ in Gang gebracht.« (SZ 214) In diesem Zusammenhang verweist Heidegger auf den Aristoteles-Kommentar von Ammonius. Nachdem Heidegger im § 7 (»Die phänomenologische Methode der Untersuchung«) viel Mühe darauf verwendet hat, den Logos-Begriff von Plato und Aristoteles von seinen neuzeitlichen Verengungen und Restriktionen freizuhalten, so auch von der Restriktion des *Logos* auf die Aussage und von der Idee der »Übereinstimmung«, wird hier nun Aristoteles, den Heidegger analog zu Kant als den Vater der modernen Logik ansieht, für eine Entwicklung verantwortlich gemacht, die die Definition der Wahrheit als Übereinstimmung einer Aussage mit einem Gegenstand in Umlauf gesetzt hat.

Aristoteles hat dies wie folgt formuliert: »Zu sagen nämlich, das Seiende sei nicht oder das Nicht-seiende sei, ist falsch, dagegen zu sagen, das Seiende sei und das Nicht-seiende sei nicht, ist wahr.«[61] Nach Aristoteles ist eine Proposition dann wahr, wenn die Konfrontation einer Proposition mit den Sachverhalten, von denen sie handelt, zeigt, daß sich die Sachverhalte so verhalten, wie die Proposition sie wiedergibt.

Damit ist die Definition der Wahrheit als »adaequatio intellectus et rei« vorbereitet, die über Thomas von Aquino (1225–1274), über Leibniz und Locke bis zu Kant und darüber hinaus in Geltung blieb.

Traditionell beginnend, fragt nun Heidegger: Wenn Wahrheit als Übereinstimmung einer Erkenntnis mit einem Gegenstand gefaßt werden soll, worin besteht dann die Übereinstimmung? Von dieser Fragestellung ging auch Kant aus – er setzte die Definition von Wahrheit als »Übereinstimmung der Erkenntnis mit ihrem Gegenstand« als »geschenkt« voraus.[62] Unzufrieden mit der Erklärung, »welche die Logiker von einem Urteile überhaupt geben«, wenn sie sagen, es sei »die Vorstellung eines Verhältnisses zwischen zwei Begriffen«, ohne jedoch angeben zu können, »worin dieses *Verhältnis* bestehe«, meint Kant, »daß ein Urteil nichts anderes sei, als die Art, gegebene Erkenntnisse zur objektiven Einheit der Apperzeption zu bringen. Darauf zielt das Verhältniswörtchen ist in demselben, um die objektive Einheit gegebener Vorstellungen von der subjektiven zu unterscheiden.«[63] Kant betrachtet die Kopula als das Mitteilungszeichen für den Wahrheitsanspruch des Satzes »S ist P«. Die »objektive Einheit der Apperzeption« ist die Feststellung, daß der als ihr Gegenstand betrachtete Satz »S ist P« die Eigenschaft der Wahrheit hat und demzufolge ein »geltender Satz« ist.

Dieser Standpunkt erscheint Heidegger nicht mehr vertretbar. Zum einen, weil jene »objektive Einheit der Apperzeption« von ihm detranszendentalisiert und in die Lebenswelt zurückgeholt wurde; dadurch verliert das »Ich denke«, konfrontiert mit den pragmatischen Verweisungs- und Bewandtniszusammenhängen, seine transzendentale Mächtigkeit und wird somit auch als »höchster Punkt« untauglich, an dem, wie Kant es noch wollte, die Logik, ja die Transzendentalphilosophie selbst aufgehängt werden könnte. Und zum anderen, weil bei Kant das Wahrheitsproblem urteilstheoretisch im Rahmen der Subjekt-Objekt-Beziehung entfaltet wurde. Denn Kant leitete zwar den Bruch mit der relationalen Auffassung der Kopula ein, er vollzog diesen Bruch jedoch innerhalb eines bewußtseinsphilosophischen Problemhorizonts. Gerade diesen will nun aber Heidegger hinter sich lassen.

Heidegger erkennt, daß die Übereinstimmungstheorie der Wahrheit mit der Schwierigkeit konfrontiert ist, das Vorliegen der anvisierten Übereinstimmung nur von der Position eines entweltlichten Beobachters feststellen zu können, eines Beobachters, der selbst außerhalb der Subjekt-Objekt-Relation der Erkenntnis steht und diese mit dem Auge Gottes als Relation zwischen Objekten objektivierend bewertet. Lehnt man nun diesen Gottesstandpunkt ab, dann führt der Versuch, die Übereinstimmung zu benennen, in einen Regreß, da die kriteriale Bestimmung der Übereinstimmungsbeziehung nur durch ein Urteil realisiert werden könnte, wobei die kriteriale Bestimmung der Übereinstimmungsbeziehung ihrerseits der gleichen Überprüfung bedarf – ad infinitum. Daher muß das Wahrheitsproblem aus seiner bewußtseinsphilosophischen Verklammerung gelöst werden.

Die Pointe der Heideggerschen Kritik an der logozentristischen Auszeichnung der Aussage besteht aber nicht allein in dem negativen Nachweis, daß, wie Heidegger gegen Paul Natorp (1854–1924) und Heinrich Rickert geltend macht, der erkenntnistheoretische Ansatz »den Zugang zur eigentlich ontologischen Frage sowohl nach der Seinsart des Subjekts als auch nach der Seinsart des Seienden« verlegt – eines Seienden, »das möglicherweise Objekt wird, aber nicht notwendig werden muß« (GA 24, 223).[64] Heidegger verfolgt mit dieser Kritik ein positives Anliegen. Es geht ihm um den Nachweis, daß der hermeneutische Logos dem objektsprachlichen Logos vorgeordnet ist. Und so kann er Kant attestieren, daß dieser mit der Frage nach den Bedingungen der Möglichkeit synthetischer Urteile a priori auf dem richtigen Weg war. Der mit dieser Frage geforderte »Rückgang auf das Subjekt im weitesten Sinn« ist auch für Heidegger der einzig »mögliche und rechte«. (GA 24, 105) Daher ist es ihm zunächst möglich, seine eigene Frage nach den Bedingungen der Möglichkeit für das Seinsverständnis des In-der-Welt-Seins in Anlehnung an die transzendentalphilosophische Frage nach den Bedingungen der Möglichkeit synthetischer Urteile a priori zu begreifen. Insofern nun aber Kant aus Mangel an Erkenntniskritik den »Bestand der aus der Antike überlieferten ontologischen Kategorien selbstverständlich« in ihrer entwurzelten, bodenlosen und unverstandenen Form übernimmt, vergibt er die mit der kopernikanischen Wende verbundene »Chance« auf einen wirklichen Neubeginn. »Sofern zur Möglichkeit der Erkenntnis von Seiendem das vorgängige Verstehen der Seinsverfassung des Seienden gehört, wird die Frage nach der Möglichkeit der ontischen Erkenntnis zurückgeworfen auf die nach der Möglichkeit der ontologischen.« Daher müsse Kant auf einer fundamentalontologischen Grundlage reformuliert werden. Dies macht Heidegger, der die »ontologische Erkenntnis« auch als »ursprüngliche Wahrheit« bezeichnet, da sie überhaupt erst jenen »Horizont enthüllt«, innerhalb dessen sich die »Frage nach der Möglichkeit der ontischen Erkenntnis« sinnvoll stellen läßt, dergestalt, daß er die *Kritik der reinen Vernunft* als Theorie der ontologischen Erkenntnis interpretiert und diese ontologische Erkenntnis als »vorgängiges Seinsverständnis« bestimmt. (GA 3, 123 und 11 f.)

Mit dieser als »phänomenologische Auslegung der Kritik der reinen Vernunft« vollzogenen Uminterpretation der Kantischen Erkenntniskritik, deren Ferne zu Kant von Ernst Cassirer zu Recht herausgestellt wurde[65], reiht sich Heidegger zunächst in den allgemeinen Zug wendebewußter Kant-Interpretationen ein – man denke hier nur an Max Scheler (1874–1928), Nicolai Hartmann (1882–1950), den späten Rickert, Heinz Heimsoeth (1886–1976) oder Aloys Riehl (1844–1924). Gleichzeitig unterscheidet sich Heideggers Analyse in signifikanter Weise von diesen mehr oder weniger am Gedanken der traditionellen Ontologie festhaltenden Kant-Interpretationen. Dies macht schon die Art des Festhaltens an der transzendentalphilosophischen Fragestellung bei gleichzeitiger Abkehr von der transzendental-idealistischen Spezifik deutlich, die überhaupt erst die Ablösung oder besser die Herauslösung des Apriori-Gedankens aus seiner subjektphilosophischen Verklammerung ermöglicht. Zwar ist auch für Heidegger der Apriorismus »die Methode jeder wissenschaftlichen Philosophie, die sich selbst versteht« (SZ 12). Im Unterschied zu Kant will er aber das Apriori nicht als Vernunftapriori, sondern als »Apriori der Faktizität des Daseins« verstehen.

Wie nun die Ausführungen in *Sein und Zeit* und seine Kant-Auslegungen bezeugen, stellt sich ihm bei diesem Problem eine Reihe von Schwierigkeiten. Die wichtigste besteht darin, eine Transzendentalphilosophie kantischen Zuschnitts auf die Fundamentalontologie zu beziehen, um auf deren Basis die vernunftkritische Freilegung der Grenzen menschlicher Erkenntnisleistungen als Entbergung einer Endlichkeit »existenziellen« Sinns plausibel zu machen. Weiterhin wäre hier zu nennen: der Ausweis der Verwurzelung von Sinnlichkeit, Verstand und Vernunft in der transzendentalen Einbildungskraft als einem Grundvermögen, das sich seinerseits als ursprüngliche Zeit erweist, und schließlich – vor allem beim späten Heidegger wird dies deutlich – die Schwierigkeit, Subjektivität als ein Vermögen der Spontaneität und der Selbstgesetzgebung zugunsten des Ereignisaspekts menschlichen Wirklichkeitsverhaltens einzuziehen.

Es ist hier nicht der Ort, Heideggers Kant-Interpretation einer Analyse zu unterziehen. Fest steht, daß Heidegger Kant attestiert, einen Weg in die richtige Richtung gegangen zu sein. Statt diesen Weg jedoch konsequent weiterzugehen, bleibt Kant auf halbem Wege stehen. Denn dieser führt zwar mit seiner Vernunftkritik zur »Enthüllung der inneren Möglichkeiten der Ontologie« (GA 3, 12), dieses Ziel erreicht er aber nicht, da er die Prinzipien der Subjektivität nur so weit untersucht, wie es für die Frage nach den Bedingungen der Möglichkeit synthetischer Urteile a priori erforderlich ist. Das hat zur Folge, daß sich Kant mit einer Regionalontologie des

Seins als Vorhandensein zufriedengeben muß. Mehr noch: Da Kant das »Erkennen als betrachtendes Bestimmen des Vorhandenen« faßt, dieses »betrachtende Bestimmen« allerdings ein defizienter Modus des »besorgenden Zu-tun-habens« ist (SZ 61), hat er zusammen mit dem »Phänomen der Welt« auch das Sein des zunächst zuhandenen innerweltlichen Seienden übersprungen.

Dies birgt eine Reihe von Folgeproblemen. Indem die traditionelle Onto-Logik das Phänomen der Welt überspringt, kommt es zu jenem »Realitätsproblem«, das Kant zu der berühmten Feststellung bewog, es sei ein »Skandal der Philosophie und allgemeinen Menschenvernunft«, daß wir »das Dasein der Dinge außer uns [...] bloß *auf Glauben* annehmen müssen, und, wenn es jemand einfällt es zu bezweifeln, ihm keinen genugtuenden Beweis entgegenstellen können«[66]. Heidegger hingegen meint, daß der Skandal der Philosophie nicht darin besteht, daß jener von Kant geforderte Beweis immer noch aussteht, »sondern *darin, daß solche Beweise immer wieder erwartet und versucht werden.* Dergleichen Erwartungen, Absichten und Forderungen erwachsen einer ontologisch unzureichenden Ansetzung *dessen, davon* unabhängig und ›außerhalb‹ eine ›Welt‹ als vorhandene bewiesen werden soll. Nicht die Beweise sind unzureichend, sondern die Seinsart des beweisenden und beweisheischenden Seienden ist *unterbestimmt.*« (SZ 205)

Und in der Tat: Kant muß sich von Heidegger vorhalten lassen, daß er bei der »Widerlegung des Idealismus« jenen Prämissen verhaftet bleibt, gegen die er beweistheoretisch opponiert: etwa daß die Außenwelt nur mein Traum und das »Ich denke« die einzige Zweifelsfreiheit garantierende Instanz ist. Die scheinbar unschuldige Rede, daß eventuell alles »bloß mein Traum« ist, setzt offensichtlich ein Sprachspiel mit dem Paradigma der Existenz einer realen Welt schon voraus. Wenn aber dieses Sprachspiel vorausgesetzt werden muß, dann läßt sich dieses nicht im Kantischen Sinn als subjektive Bedingung der Möglichkeit der Weltbeschreibung verstehen.

Es läßt sich allerdings auch nicht zum Objekt einer empirisch-analytischen Wissenschaft machen, da hiermit sogleich der quasi transzendentale Stellenwert des Sprachspiels verlorengeht. Denn wenn dieses Sprachspiel wie Beobachtungsdaten in den empirisch-analytischen Wissenschaften aufgefaßt wird, müßte man hierzu wieder ein Sprachspiel unterstellen, in dessen Kontext das Sprachspiel als eine objektive Tatsache überhaupt identifiziert und beschrieben werden kann. Dies setzt jedoch voraus, daß jenes Sprachspiel Kontextualisierung und Erklärung leistet, ohne daß es sich selbst kontextualisieren und erklären ließe – zumindest nicht, ohne in einen unendlichen Regreß zu geraten.

Völlig zu Recht macht Heidegger auf den quasi transzendentalen Stellenwert aufmerksam, den dieses Sprachspiel als ein sinnbildender Horizont besitzt. Der »alltäglichen Ausgelegtheit, in die das Dasein zunächst hineinwächst, vermag es sich nie zu entziehen. In ihr und aus ihr und gegen sie vollzieht sich alles echte Verstehen, Auslegen und Mitteilen, Wiederentdecken und neu Zueignen. Es ist nicht so, daß je ein Dasein unberührt und unverführt durch diese Ausgelegtheit vor das freie Land einer ›Welt‹ an sich gestellt würde, um nur zu schauen, was ihm begegnet.« (SZ 169) Mit dem Argument, daß das Dasein in der traditionellen Erkenntnistheorie in einer ontologisch unzureichenden Weise angesetzt ist und demzufolge auch die Welt als vorhandene in ontologischer Hinsicht unzureichend aufgefaßt wird, macht Heidegger auf die Unangemessenheit der cartesianisch-kantischen Problemstellung hinsichtlich der Existenz der Außenwelt aufmerksam. Diese Problematik stellt sich überhaupt nur, weil man glaubt, in einem ersten Schritt die »Außenwelt« per Zweifel »erkenntnistheoretisch‹ in Nichtigkeit« begraben zu können, um dann in einem zweiten Schritt auf der Grundlage des »verbleibenden Restes, des isolierten Subjekts« diese »Außenwelt« durch den Beweis wieder auferstehen zu lassen« (SZ 206).

Diese gegen Kant und gegen die cartesianische Zweifelakrobatik gerichtete Kritik, die sich auch noch gegen Husserl anbringen läßt, führt in negativer Hinsicht zu dem Resultat, daß in den »erkenntnistheoretischen‹ Lösungsversuchen des Realitätsproblems« eine Reihe unausgesprochener, ja falscher Voraussetzungen am Werke ist, die einer Kritik nicht standhalten. Dies gilt auch für das Wahrheitsproblem. Denn bei Descartes und Kant auf der einen Seite wie bei Husserl auf der anderen Seite wird das je konkrete In-der-Welt-Sein des Daseins übersprungen, das »ein Sichrichten [...] auf allererst möglich« macht (SZ 137) – die »ontologische Wahrheit«. Sie fungiert als »transzendentale Ermöglichung der Intentionalität« (GA 9, 130) – und zwar in theoretischer wie auch in pragmatischer Hinsicht. Wie Heidegger in seinem Beitrag zur Husserl-Festschrift aus dem Jahr 1929 sagt, liegt die ontologische Wahrheit qua Erschlossenheit »als ursprüngliche Wahrheit aller ontischen ›Wahrheit‹ zugrunde [...]. Unverborgenheit des Seins aber ist immer Wahrheit des Seins vom Seiendem, mag dieses wirklich sein oder nicht.« (GA 9, 133 f.)[67]

Damit ist nun für die Wahrheitsproblematik nicht nur die Gemeinsamkeit mit Husserl festgehalten, sondern auch der entscheidende Differenzpunkt angesprochen. Die Gemeinsamkeit besteht darin, daß beide, Husserl und Heidegger, die Abbildtheorie ablehnen und diese durch eine phänomenologische Deskription der gegenständlichen Inhalte des Bewußtseins und ihrer intentionalen Gegebenheitsweisen ersetzen. Auf diese Weise kann zunächst die Adäquationsformel als Wahrheitsrelation zwischen Erwartung und Erfüllung zirkelfrei reformuliert werden. Da die phänomenologische Evidenztheorie an der Erfüllung von Intentionen ausgerichtet ist, muß sich am »Phänomen« – das Heidegger im Anschluß an Husserl als das »Sich-an-ihm-selbst-zeigende« oder als das »Offenbare« bestimmt – die »Sache selbst« in originärer Gegebenheit und eben damit die Wahrheit einer Aussage ausweisen lassen. Danach ist »die *Wahrheit* als Korrelat eines identifizierenden Aktes ein *Sachverhalt*, und als

Korrelat einer denkenden Identifizierung eine *Identität: die volle Übereinstimmung zwischen Gemeintem und Gegebenem als solchem.*«[68]

Nun läßt sich eventuell noch argumentieren, daß Phänomenevidenz in wahrheitstheoretischer Hinsicht eine Relevanz besitzt. Gleichwohl spricht das »Phänomen« nicht. Jede Phänomenevidenz bedarf daher der Vermittlung durch eine sprachliche Interpretation, so der Rekurs auf Evidenz nicht zu einem willkürlichen »Rekurs auf ein Dogma« werden soll.[69] Das Problem liegt auf der Hand. Da Heidegger analog zu Husserl mit der Phänomenevidenz aus dem sprachlogischen Bereich ausbricht, mit der »Urteilsevidenz« wird nach Husserl zwar das »Sein im Sinne der Urteilswahrheit erlebt, aber nicht ausgedrückt«, muß er plausibel machen, wie er in diesen Bereich zurückkommt. Zwei Wege scheinen möglich: Entweder man gesteht zu, daß die Interpretationsbedürftigkeit der Phänomene einen Übergang von der phänomenologischen Evidenztheorie der Wahrheit zu einer semantischen, hermeneutischen oder diskurstheoretischen Theorie der Wahrheit erzwingt. Oder aber man interpretiert das Phänomen im Sinn von Erschlossenheit und kappt den Bezug zur Wahrheit. Bekanntlich ist Heidegger den letzteren Weg gegangen.

Am Phänomen soll sich das Seiende so zeigen, »wie es an ihm selbst ist«. Heidegger stellt nun ohne weitere Begründung die These auf: »Die Aussage ist *wahr* bedeutet: sie entdeckt das Seiende an ihm selbst.« (SZ 218) Und von dieser These ausgehend sagt er: »Wahrsein (*Wahrheit*) der Aussage muß verstanden werden als *entdeckend-sein.*« (SZ 218) Dabei verschwindet unterderhand der Relationscharakter, der im »So – Wie« (SZ 216) ausgesprochen ist. Sodann kann Heidegger fast deduktiv folgern: »Zur Ausweisung steht nicht eine Übereinstimmung von Erkenntnis und Gegenstand [...] Zur Ausweisung steht einzig das Entdecktsein des Seienden selbst.« Und unter Bezugnahme auf einen Gedanken, der sowohl aus der Scholastik als auch aus der Urteilstheorie von Lask vertraut ist: daß das Seiende als Seiendes selbst wahr ist, ist Heidegger über Husserl hinaus. Freilich um den Preis, daß die zweidimensionale syntaktisch-semantische Explikation des Sinns von Wahrheit als Minimalbedingung jeder Wahrheitstheorie über Bord geworfen werden muß. Die Identifikation von Erkennen und Realität ist auf der Grundlage einer Erschlossenheitsanalyse gesichert, der das In-der-Welt-Sein zum letzten »*Fundament* des ursprünglichen Phänomens der Wahrheit« wird. Statt den internen Zusammenhang von Wahrheit und Rechtfertigung auf der einen Seite und von Wahrheit und Welterschließung auf der anderen Seite thematisch zu machen, trennt Heidegger diesen Zusammenhang auf und reduziert ihn auf eines seiner Momente – auf Erschlossenheit. Damit ist bereits in *Sein und Zeit* ein Motiv berührt, das beim späten Heidegger offen zutage tritt. In dem Maß, wie die pragmatische Welterschließung zurücktritt, nimmt die sprachliche Sinn-Lichtung einen schicksalhaft sich ereignenden Zug an, so daß die »Schickung des Seins« sich auch nicht mehr als ein Ergebnis von gesellschaftlichen Lernprozessen begreifen läßt.

Wie bereits bemerkt: Es geht Heidegger nicht allein darum, die Korrespondenztheorie der Wahrheit zu desavouieren – die relative Berechtigung dieser Theorie wird von ihm ausdrücklich anerkannt. Es geht ihm vielmehr um die Fundierungsebenen und um ihre Zusammenhänge; genauer, die Abkünftigkeit der Aussagenwahrheit von einer als ursprünglicher angesetzten Wahrheit – der Erschlossenheit – nachzuweisen. Und eben diese Wahrheit qua Erschlossenheit versteht Heidegger als eine »Wahrheit im ursprünglichen Sinn«. Denn sie »gehört zur Grundverfassung des Daseins. Der Titel bedeutet ein Existenzial.« (SZ 226) Und da diese Wahrheit so grundlegend ist, daß sie überhaupt erst die Unterscheidung von wahr und falsch ermöglicht, kann sie nicht hintergangen und demzufolge auch nicht hinterfragt werden. In begründungstheoretischer Hinsicht ist sie als nicht mehr hintergehbar ausgewiesen. »Sein – nicht Seiendes –

›gibt es‹ nur, sofern Wahrheit ist. Und sie *ist* nur, sofern und solange Dasein ist. Sein und Wahrheit ›sind‹ gleichursprünglich.« (SZ 230)

Hier nun wird jene Zweideutigkeit deutlich, auf die Ernst Tugendhat aufmerksam gemacht hat. Indem der Wahrheitsbegriff durch den Begriff der Wahrheit als Erschlossenheit substituiert wird, »phänomenologische Wahrheit« bezeichnet Heidegger ja als »Erschlossenheit von Sein«, kann nicht mehr »nach der spezifischen Bedingung der Möglichkeit von Wahrheit gefragt« werden, da ja Wahrheit qua Erschlossenheit schon als unproblematisch vorausgesetzt ist. Dadurch wird nun jedoch der »spezifische Sinn von Wahrheit völlig übergangen«.[70]

Diese Unterstellung der Aussagenwahrheit unter die Erschlossenheit und schließlich ihre Nivellierung wird in zwei Schritten realisiert: Zunächst wird die Aussagenwahrheit als eine Form der Erschlossenheit bestimmt (später wird Heidegger von »Entbergen« sprechen). Dies ist ein wesentlicher Schritt über Kant und über Husserl hinaus. Indem Heidegger Husserls Intentionalitätsbegriff mit dem Begriff der Erschlossenheit übersteigt, wird es möglich, jenen Bereich thematisch zu machen, den Descartes, Kant und eben auch Husserl überspringen – das alltägliche In-der-Welt-Sein. Nachdem nun Wahrheit als Erschlossenheit bestimmt ist, erweitert Heidegger in einem zweiten Schritt den Wahrheitsbegriff derart, daß er mit dem der Erschlossenheit zusammenfällt, wodurch er sich nun auf alles Entdecken beziehen läßt. Und da alles entbergende Entdecken von innerweltlich Seiendem in der Erschlossenheit von Welt gründet, kann Heidegger jetzt sagen, daß jede Aussage entdeckend ist, die falsche wie die wahre.

Freilich ergibt sich hier ein Problem: Wenn jede Aussage entdeckend ist, sowohl die wahre als auch die falsche, dann kann man hier, zumindest ohne eine kriteriale Unterscheidung, sinnvollerweise nicht mehr von einer Verborgenheit bzw. Verschlossenheit reden. Nach Heidegger soll aber auch in der falschen Aussage das Seiende »in gewisser Weise schon entdeckt und doch noch verstellt« sein. (SZ 222) Will er damit sagen, daß in jeder Aussage immer schon über Seiendes gesprochen wird, so würde er kaum mehr sagen als eine Trivialität. Auch seine Auskunft, bei der falschen Aussage handelt es sich um ein »Entdecken im Modus des Scheins«, ist so lange gehaltlos, solange nicht deutlich wird, wie sich Sein und Schein voneinander scheiden lassen. Wenn also die These, daß auch die falsche Aussage entdeckt, mehr als eine bloße Versicherung sein soll, dann muß Heidegger angeben können, was und wie die falsche Aussage beim Entdecken verdeckt. Hier nun läßt uns Heidegger völlig im unklaren. Der Grund dafür liegt in der methodisch nicht mehr kontrollierbaren Unterscheidung zwischen einer engeren und einer weiteren Bedeutung von Erschlossenheit.

Gemäß der engeren Bedeutung ließe sich die wahre Aussage als entdeckend begreifen, da sie das Seiende so aufzeigt, »wie es an ihm selbst ist«, wohingegen die falsche Aussage eben nicht entdeckend ist, da sie das Seiende nicht so aufzeigt, »wie es an ihm selbst ist«. Heidegger behauptet jedoch, daß nicht nur die wahre Aussage, sondern auch die falsche Aussage entdeckt. Zwar fügt er einschränkend hinzu, daß es sich hierbei um ein Entdecken »in gewisser Weise« handelt. Insofern er aber kein Kriterium dafür bietet, was in »gewisser Weise« heißen soll, bleibt unklar, was und wie die falsche Aussage entdeckt und was verdeckt. »Da Heidegger weder das Entdecken der wahren Aussage noch das Verdecken der falschen Aussage näher qualifiziert, bleibt ihm nur der Ausweg einer quantitativen Bestimmung: in der falschen Aussage sei das Seiende ›nicht völlig verborgen‹.« Wie nun aber leicht zu sehen ist, handelt es sich hierbei um eine bloße Versicherung. Nicht weil Heidegger das Falsche als Verdecken bestimmt hat. Dies ließe sich unter Umständen noch als ein Gewinn begreifen, wenn sich näher bestimmen ließe, was und wie hier etwas verdeckt wird. Da Heidegger eine solche Bestimmung jedoch nicht bietet, kommt es hinsichtlich des Wahrheitsproblems zu jenen Zweideutigkeiten, die nicht nur für *Sein und Zeit* charakteristisch sind, sondern auch die späteren Schriften belasten. Was zu einer Vertiefung der Wahrheitstheorie hätte führen können, schlägt um in sein Gegenteil. »Der spezifische Sinn von Wahrheit geht im Entdecken als Apophansis gleichsam unter.«[71]

Sicher, die funktional-apophantische Auffassung der Aussage ist der statisch-intentionalen überlegen. Denn Heidegger kann mit der Erschlossenheitsanalyse auch das Problem der Thematisierung wissenschaftlicher Wahrheitsansprüche thematisch machen. Statt nun aber die sprachliche Welterschließung als eine transzendentalhermeneutische Bedingung von Wahrheit zu explizieren, identifiziert er kurzerhand Wahrheit und Erschlossenheit. Damit stellt er quasi die These auf den Kopf, wonach der genuine Ort der Wahrheit die Aussage ist. Mit dem Argument, daß es sich hierbei um eine völlige »Verkehrung der Wahrheitsstruktur« handelt, will Heidegger zeigen, daß »die Aussage als Aneignungsmodus der Entdecktheit und als Weise des In-der-Welt-seins [...] im Entdecken bzw. der *Erschlossenheit* des Daseins [gründet]. Die ursprünglichste ›Wahrheit‹ ist der ›Ort‹ der Aussage und die ontologische Bedingung der Möglichkeit dafür, daß Aussagen wahr oder falsch (entdeckend oder verdeckend) sein können.« (SZ 226) Damit ist Heidegger am Ziel: Wahrheit, verstanden in einem ursprünglichen Sinn, »*gibt es nur, sofern und solange Dasein ist*«. Diese These variiert im Prinzip nur die Grundthese von *Sein und Zeit*: »Nur solange Dasein ist, das heißt die ontische Möglichkeit von Seinsverständnis, ›gibt es‹ Sein.« (SZ 212) Nun ist es nur noch ein kleiner Schritt, alle Wahrheit in bezug auf das Dasein, und nach der Kehre auf das Sein, zu relativieren. »*Alle Wahrheit ist gemäß deren wesenhaften daseinsmäßigen Seinsart relativ auf das Sein des Daseins.*« (SZ 227)

Es wäre freilich eine Binsenweisheit, wenn Heidegger hier lediglich sagen wollte, daß es keine Erkenntnis ohne einen Erkennenden gibt. Und auch nicht neu wäre die Einsicht, daß sich die Wahrheit von Aussagesätzen und Theorien, etwa die »*Gesetze* Newtons, der Satz vom Widerspruch«, nicht begründen lassen, ohne daß hierfür ein Dasein in Anspruch genommen wird, das begründet. Von daher wird man Heidegger auch zustimmen, wenn er es ablehnt, nach Kriterien von Vernunft, Rationalität und Wahrheit zu suchen, die nicht von dieser Welt sind. »Daß es ›ewige Wahrheiten‹ gibt, wird erst dann zureichend bewiesen sein, wenn der Nachweis gelungen ist, daß in alle Ewigkeit Dasein war und sein wird.« (SZ 227) Problematisch ist Heideggers These, daß jede Wahrheit [...] nur solange wahr [ist], als Dasein *ist*« (SZ 226), eben weil Wahrheit nichts anderes als die Eigenschaft einer Aussage ist, die, so sie denn wahr ist, immer wahr ist. *Wahrheit ist ein semantisches Konzept, Rechtfertigung ein pragmatisches*. Rechtfertigungen sind kontextrelativ und damit abhängig von einem Dasein, das sich mit Gründen an Gründen orientiert, die Wahrheit ist dies nicht.

Heidegger, der diese Unterscheidung zwischen der Rechtfertigung von Behauptungen und deren Wahrheit nicht kennt, meint jedoch, daß nicht nur unsere Rechtfertigungen kontextabhängig seien, sondern auch der propositionale Gehalt, also das, was er im Gegensatz zum »Urteilen als *realer* psychischer Vorgang« das »Geurteilte als *idealer* Gehalt« nennt. (SZ 216) Doch genau dies ist ein Irrtum, eben weil das Wahrheitsprädikat ein Beurteilungsprädikat für eine Aussage ist, die immer wahr ist, wenn sie denn tatsächlich wahr ist – abgesehen davon, daß Heideggers Versuch, den Wahrheitsanspruch wissenschaftlicher und philosophischer Aussagen auf die zeitliche Dauer einer zum menschlichen Dasein zugehörigen Erschlossenheit zu begrenzen und so zu relativieren, alles andere als überzeugend ist. Denn seine These, daß alle Wahrheitsansprüche im Hinblick auf den geschichtlichen Horizont unseres Verstehens zu relativieren sind, und die später von ihm vertretene These vom Wahrheitsgeschehen, wonach alle Wahrheit sich »ereignet« und daher relativ ist in bezug zum Sein, sind selbst alles andere als relativ.

Es sind offensichtlich zwei Thesen, die gesondert zu begründen wären: erstens die These, daß die Wahrheit von Aussagen nicht mit Bezug auf eine Erkenntnis des welterschaffenden »intellectus divinus« plausibel gemacht werden kann. Und zweitens die These, daß der Wahrheitsanspruch wissenschaftlicher und philosophischer Aussagen relativ ist in bezug auf das ihnen zugrunde liegende kontingente Weltvorverständnis. Das hat Heidegger aber nicht getan. Statt dessen vermengt Heidegger beide Thesen und schließt dann von der ersten auf die zweite, da er erst mit der zweiten These seine Beweisabsichten hinsichtlich der Erschlossenheit als »in der Wahrheit sein« ins Ziel bringen kann. Erst wenn man die zweite These in der von Heidegger vorgetragenen Form akzeptiert, ergeben sich in wahrheitstheoretischer Hinsicht relativistische Konsequenzen, da sich die Frage nach der Wahrheit dieser Horizonte sinnvoll nicht mehr stellen läßt. Da das Verstehen als Erschlossenheit von Heidegger schon als das »in der Wahrheit sein« angesetzt wird, kann man nicht wieder nach der Wahrheit dieser Horizonte fragen. Denn das hieße, nach der Wahrheit der Wahrheit zu fragen, und würde einen Regreß eröffnen, den Heidegger mit dem Rückgang auf das fundierende Weltvorverständnis gerade blockieren will. Die Frage nach der Wahrheit der Wahrheit verbietet sich also schon allein deshalb, weil die jeweiligen Horizonte der Frage nach der Wahrheit konstitutiv im Rücken liegen und überhaupt erst die aussagentheoretische Unterscheidung zwischen wahr und falsch ermöglichen.

Andererseits ist Heideggers zweite These alles andere als plausibel. Denn es läßt sich kaum eine These denken, mit der ein höherer Absolutheitsanspruch verbunden ist, als die, daß alle Wahrheit relativ ist in bezug auf das Dasein (bzw. nach der »Kehre« in bezug auf das Sein). Insofern Heidegger mit der zweiten These den Wahrheitsanspruch im Hinblick auf das zeitliche Dasein des In-der-Welt-Seins relativieren will, obgleich die These selbst als ein universeller Wahrheitsanspruch vorgetragen wird, widerspricht er sich selbst. Die

Relativierungsthese zerstört die Grundlage ihrer eigenen Geltung.

Auf diesen im Anschluß an Tugendhat vielfach wiederholten Relativismusvorwurf hat Carl Friedrich Gethmann mit einer Verteidigung von Heideggers Wahrheitskonzeption geantwortet. Als Textgrundlage dienen ihm die Marburger Vorlesungen aus dem Wintersemester 1925/26. In Übereinstimmung mit Tugendhat stellt Gethmann fest, daß Husserl den methodischen Unterschied von Urteilsvollzug und -gehalt mit einer ontologischen Unterscheidung von idealer und realer Seinssphäre konfundiert, wodurch er den Anti-Psychologismus nur noch als Idealismus vertreten kann. Auf die damit verbundene »Semantisierung der Pragmatik« reagiert Heidegger mit dem Versuch, die »Aussagenwahrheit, wie sie von Aristoteles expliziert wird, mit der ›pragmatischen‹ Grundstruktur in Zusammenhang zu bringen«, die als »erfüllende« Anschauung gemäß Husserl der Aussage vorausliegen soll – wobei das »Ergebnis von Heideggers Überlegungen« darin besteht, daß »die Als-Struktur des Urteils (apophantisches Als) in einer tieferliegenden Struktur der Auslegung (hermeneutisches Als) fundiert ist«.[72] Während nun aber Tugendhat die These vertritt, daß bei Heidegger der spezifische Sinn von Wahrheit durch die Überuniversalisierung des Erschlossenheitsbegriffs übergangen wird, argumentiert Gethmann, daß bei Heidegger nicht nur die »Minimalbedingung« jeder Wahrheitskonzeption erfüllt ist, sondern daß darüber hinaus die Überwindung des »propositionalen Wahrheitsmodells« und dessen Ersetzung durch ein »operatives Wahrheitsmodell« die eigentliche Pointe von »Heideggers Pragmatismus« darstellt, die Tugendhat durch die Orientierung am propositionalen Wahrheitsmodell gerade verfehlt.

Nun scheint der erste Einwand insofern berechtigt, als Heidegger tatsächlich die Frage nach der »Rechtmäßigkeit« durch Rekurs auf die »Ausweisung« zu klären sucht. Das Argument jedoch, daß »nach dem operationalen Wahrheitsmodell [...] sich die Wahrheit nicht zur Aussage wie die Röte zum Tisch, sondern wie der Schlüssel zum Schloß« verhält, entkräftet nicht den Einwand, den Tugendhat gegen Heidegger vorbrachte. Denn selbst wenn man Gethmann darin folgt, daß der »*Erschlossenheit* [...] die ›Schließ‹-Metaphorik zugrunde« liegt[73], so folgt aus der Feststellung, daß Heideggers Wahrheitskonzeption in *Sein und Zeit* auf den »operativen Gebrauch Bezug nimmt«, doch nicht, daß damit die »Dienlichkeit‹ das Kriterium der Wahrheit« werden kann. Denn die »Dienlichkeit« und der »Handlungserfolg« sind kein Wahrheitskriterium. Beim Schließen zeigt sich, ob ein Schlüssel zum Schloß paßt – und nicht beim Reden über ihn. Im Fall einer solchen »Passung« sprechen wir aber nicht von Wahrheit, sondern von Richtigkeit.

Es gibt darüber hinaus ein weiteres Argument, das gegen diese pragmatische Verteidigung spricht. Und dies stammt von Heidegger selbst. In dem Aufsatz *Das Ende der Philosophie und die Aufgabe des Denkens* aus dem Jahre 1964 revidiert er nämlich selbst die Gleichsetzungsthese, durch die Wahrheit und Welterschließung (Unverborgenheit) in eins gesetzt wurden, womit gleichzeitig der Anspruch auf die direkte Beantwortung der Frage nach der Wahrheit durch Rekurs auf das ontologische Weltvorverständnis aufgegeben wird.[74]

Nach dem Bankrott der Daseinsanalyse ist Heidegger zunehmend bemüht, sein Sprachkonzept von allen pragmatischen Bewandtnis- und Verweisungszusammenhängen zu entkoppeln und frei auf sich zu stellen.[75]

Der erste Schritt in diese Richtung wird in den frühen dreißiger Jahren mit einer Wende hin zum »Namen« realisiert.[76] Mit dieser Wendung verbindet sich das Ziel, das Seiende jenseits abbildtheoretischer oder pragmatischer Sprachauffassungen zugänglich zu machen. In der Folge erkennt Heidegger jedoch, daß auch mit dem Namen das »heile Ganze des weltlichen Daseins« nicht geborgen werden kann. Denn der Name rettet das Seiende jeweils nur als einzelnes. Heidegger benötigt einen sprachlichen Zusammenhang, der die Einsamkeit des Namens überwindet, ohne diesen Zusammenhang als

Zusammenhang von Aussagesätzen konzipieren zu müssen. Und so setzt er auf die »nennende Leistung« der »Zeige« bzw. auf »das Nennen«, welches »enthüllt« und »entbirgt« und gleichzeitig als entbergendes Rufen ein »Verbergen« ist.

In dem Maße, wie Heidegger das einst übermächtige Dasein abrüstet, um parallel das »Wartenkönnen« und die »Zuschickung« aufzurüsten, mutiert das einst omnipotente Dasein zum »Sammler« und »Wächter«, der sich aufs »Finden« und »Schonen« kapriziert. Und so kann Heidegger im Zusammenhang mit der seinsgeschichtlichen Umdeutung des Erschlossenheitsbegriffs sagen: Der »Logos« kann auch die »Aletheia« (Unverborgenheit) heißen. Die »Erschlossenheit von etwas« stellt Heidegger damit als Wahrheit vor, verbunden mit der Konsequenz, daß, wenn »Wahrheit [...] die *Lichtung* des Seyns als Offenheit des Inmitten des Seienden« heißt, »nach der Wahrheit dieser Wahrheit gar nicht mehr gefragt werden [kann], es sei denn, man meint die *Richtigkeit* des Entwurfs, was aber in mehrfacher Hinsicht das Wesentliche verfehlt. Denn einmal kann nach der ›Richtigkeit‹ eines Entwurfs überhaupt nicht gefragt werden und vollends nicht nach der Richtigkeit *des* Entwurfs, durch den überhaupt die Lichtung als solche gegründet wird. Zum anderen aber ist ›Richtigkeit‹ eine ›Art‹ der Wahrheit, die hinter dem ursprünglichen Wesen als dessen Folge *zurück*bleibt und deshalb schon nicht auslangt, um die ursprüngliche Wahrheit zu fassen.« (GA 65, 327)

Dies war freilich nicht Heideggers letztes Wort. Daß die »Ἀλήθεια [Aletheia], die Unverborgenheit als Lichtung von Anwesenheit gedacht, [...] noch nicht Wahrheit« ist, gibt er später selbst zu verstehen: »Sofern man Wahrheit im überlieferten ›natürlichen‹ Sinn als die am Seienden ausgewiesene Übereinstimmung der Erkenntnis mit dem Seienden versteht, [...] darf die Ἀλήθεια, die Unverborgenheit im Sinne der Lichtung, nicht mit der Wahrheit gleichgesetzt werden. Vielmehr gewährt die Ἀλήθεια, die Unverborgenheit als Lichtung gedacht, erst die Möglichkeit von Wahrheit. Denn die Wahrheit kann selbst ebenso wie das Sein und Denken nur im Element der Lichtung das sein, was sie ist. Evidenz, Gewißheit jeder Stufe, jede Art Verifikation der veritas, bewegen sich schon *mit* dieser waltenden Lichtung. Ἀλήθεια, Unverborgenheit als Lichtung von Anwesenheit gedacht, ist noch nicht Wahrheit.« (SD 76) Mit der Zurücknahme der behaupteten Identität von Wahrheit und Erschlossenheit gibt Heidegger also selbst zu verstehen, daß die Sinn-Eröffnung als eine quasi transzendentale Bedingung der Möglichkeit des Bezugs auf Wahrheit nicht schon mit dieser zusammenfällt.

Im Folgenden soll nicht der Frage nachgegangen werden, ob – wie von Karl-Otto Apel behauptet und von Otto Pöggeler bestritten wird – Heidegger diese Revision unter dem Einfluß von Tugendhats Schrift *Der Wahrheitsbegriff bei Husserl und Heidegger* vornahm. Fest steht, daß Heidegger vier Jahre nach dem Erscheinen der Arbeit von Tugendhat die These zurücknimmt, daß »die Frage nach der Wahrheit im Grunde die Frage nach der Unverborgenheit sei«. In diesem Zusammenhang liegt die entscheidende Pointe dieser Zurücknahme darin, daß Heidegger nunmehr der starken These, wonach die Unverborgenheit im Sinne der Lichtung mit Wahrheit identisch sei, mit dem genannten Argument den Boden entzieht, daß es sich bei der Unverborgenheit lediglich um eine notwendige, nicht aber schon um eine hinreichende Bedingung der Wahrheit »im überlieferten Sinn« handelt. Mit der Aufgabe dieser These in ihrem starken Sinn stellt sich die Frage nach der Wahrheit erneut in ihrer vollen Schärfe.[77] Insofern nämlich die Hauptstütze von Heideggers Argumentationsstrategie bezüglich des natürlichen Sinns der Wahrheit als Richtigkeit entfällt, die seinerzeit auf einer ursprünglichen Aneignung der Eigenschaften dieses Begriffs für die Unverborgenheit ausgerichtet war, wird auch für Heidegger deutlich, daß seine bisherigen Analysen die Frage nach der Wahrheit im herkömmlichen Sinne noch nicht beantwortet haben, weil sie sich nur auf die Frage nach der Unverborgenheit erstreckten. Und so stellt er fest: »Die Frage nach der Ἀλήθεια, nach der

Unverborgenheit als solcher, ist nicht die Frage nach der Wahrheit. Darum war es nicht sachgemäß und demzufolge irreführend, die Ἀλήθεια, im Sinne der Lichtung Wahrheit zu nennen.« (SD 77)

Von dieser Zurücknahme der Ineinssetzung von Wahrheit und Welterschließung ist eine zweite These unmittelbar mitbetroffen, nämlich die metaphysikgeschichtliche These von einem »Wesenswandel der Wahrheit«. Diese These verdankt ihre Plausibilität allein der von Heidegger nun verabschiedeten Voraussetzung, daß im Ursprungsverständnis der Wahrheit eine gegenüber Neuzeit und Moderne reichhaltigere Erfahrung von Wahrheit vorliegt. Wenn freilich der »natürliche Begriff der Wahrheit« nicht, wie ursprünglich angenommen, Unverborgenheit meint, »auch nicht in der Philosophie der Griechen«, dann »ist auch die Behauptung von einem Wesenswandel der Wahrheit, d. h. von der Unverborgenheit zur Richtigkeit, nicht haltbar.« (SD 78) Von dieser doppelten Zurücknahme sind zwar die Erschlossenheitsanalyse und die ihr zugrunde liegende Auffassung von der ontologischen Differenz nicht unmittelbar berührt. Sie macht jedoch deutlich, daß sowohl die metaphysikgeschichtliche These vom Wesenswandel der Wahrheit als auch die Identitätsthese von Heidegger aufgegeben werden. Von der Zurücknahme der Identitätsthese ist freilich nur die starke These betroffen, der zufolge die faktische Erschlossenheit im Sinne von Unverborgenheit mit Wahrheit identisch sei, nicht aber die schwächere These, der zufolge es ein einseitiges Abhängigkeitsverhältnis zwischen Welterschließung und Wahrheit gibt. Das hat zur Konsequenz, daß der Wahrheitsanspruch nach wie vor mit Rekurs auf das horizontbildende Seinsverständnis relativiert wird, so daß der Sinn von Unbedingtheit, der konstitutiv für Wahrheitsansprüche ist, seinsgeschichtlich eingezogen wird, da ja der Sinnentwurf, als die Ermöglichungsinstanz von Richtigkeit, gegenüber der Frage bezüglich seiner Richtigkeit nicht noch einmal nach seiner Richtigkeit befragt werden kann.[78]

Fassen wir das bisher Gesagte zusammen: Heideggers Analyse der vortheoretischen Bewandtniszusammenhänge führt zu dem Ergebnis, daß das »Aufzeigen der Aussage [...] sich auf dem Grunde des im Verstehen schon Erschlossenen bzw. umsichtig Entdeckten [vollzieht]. Aussage ist kein freischwebendes Verhalten, das von sich aus primär Seiendes überhaupt erschließen könnte, sondern hält sich schon immer auf der Basis des In-der-Welt-seins« (SZ 156) – heute wird »ebendiese These [...] in Quines und Davidsons Holismus im Detail ausgeführt«[79]. Von daher ist es konsequent, wenn Heidegger Sprache und Verstehen gegenüber dem derivaten Modus der Aussage aufwertet. Und insofern der hermeneutische Logos von jenem Sinnhorizont abhängig ist, der als lebensweltlicher Hintergrund fungiert, ist auch die Entmächtigung der reflexiven Potenzen des »Ich denke« als eines Subjekts, das, Münchhausen gleich, sich am eigenen Schopf aus dem Sumpf der lebensweltlichen Kontexte herausziehen soll, um sich »aus eigener Kraft selbst einen Boden zu schaffen«[80], völlig korrekt. Auch innerhalb der analytischen Philosophie ist inzwischen dieser Hintergrund »massiver Übereinstimmung« als Voraussetzung für sinnvollen Zweifel, Meinungsverschiedenheiten und eben auch Aussagen über die Welt als Inbegriff all dessen, was der Fall ist, allgemein anerkannt. Wittgenstein, John R. Searle (geb. 1932), Quine und Davidson haben in je unterschiedlicher Weise auf die Rolle dieses Hintergrundes aufmerksam gemacht, der als eine Voraussetzung all unseres Verstehens fungiert.

Liest man Heideggers These von der vorgängigen Sinnerschließung der Lebenswelt in dieser undramatischen Weise, dann handelt es sich hierbei um den Nachweis, daß Verstehen an ein Vorverständnis gebunden ist, welches uns nicht frei zur Verfügung steht und welches nicht angemessen in einer Subjekt-Objekt-Beziehung thematisch gemacht werden kann. Von daher ist es durchaus konsequent, wenn Heideggers Analyse des Verstehens mit dem Verweis auf das Vorverständnis in eine Reflexion über die hermeneutischen Bedingungen der Sprache einmündet. Aber es ist sicher »einer der unglücklichsten Gedanken Heideggers, daß er in Radikalisierung von Husserls Gedanken einer vorprädikativen Erfahrung die Orientierung am lógos, an der Aussage und überhaupt am Satz, auch für ein traditionelles Vorurteil hielt [...], so daß für ihn – in *Sein und Zeit* allerdings noch nicht explizit, wohl aber in seinem methodischen Vorgehen – die Orientierung am einzelnen Wort maßgebend wurde«[81]. Eine kritische Wiederholung von Heideggers großartiger Analyse der Vorstruktur des Verstehens hätte danach sein Reflexionsdefizit hinsichtlich der »immer schon« in Anspruch genommenen Voraussetzungen des Verstehens und des argumentativen Diskurses zu vermeiden, ohne die Entdeckung der geschichtlichen Voraussetzungen der Lebenswelt und damit der sprachlichen Welterschließung zu ignorieren.

Die Spätschriften

Die Kehre

Im 1946 geschriebenen *Brief über den »Humanismus«*, in dem er sein Verhältnis zum französischen Existentialismus von Jean-Paul Sartre (1905–1980) darlegt, hat Heidegger die Position der »Kehre« erstmalig in geschlossener Form vorgestellt.

»Versteht man den in ›Sein und Zeit‹ genannten ›Entwurf‹ als ein vorstellendes Setzen, dann nimmt man ihn als Leistung der Subjektivität und denkt ihn nicht so, wie ›das Seinsverständnis‹ im Bereich der ›existenzialen Analytik‹ des ›In-der-Welt-seins‹ allein gedacht werden kann, nämlich als der ekstatische Bezug zur Lichtung des Seins. Der zureichende Nach- und Mitvollzug dieses anderen, die Subjektivität verlassenden Denkens ist allerdings dadurch erschwert, daß bei der Veröffentlichung von ›Sein und Zeit‹ der dritte Abschnitt des ersten Teils, ›Zeit und Sein‹, zurückgehalten wurde (vgl. ›Sein und Zeit‹, S. 39). Hier kehrt sich das ganze um. Der fragliche Abschnitt wurde zurückgehalten, weil das Denken im zureichenden Sagen dieser Kehre versagte und mit Hilfe der Sprache der Metaphysik nicht durchkam [...] Diese Kehre ist nicht Änderung des Standpunktes von ›Sein und Zeit‹, sondern in ihr gelangt das versuchte Denken erst in die Ortschaft der Dimension, aus der ›Sein und Zeit‹ erfahren ist, und zwar erfahren aus der Grunderfahrung der Seinsvergessenheit.« (GA 9, 327 f.)

Dies ist auch der Grund, weshalb Heidegger behauptet, die Kehre sei nicht von ihm »erfunden«. In seinem Brief an William J. Richardson stellt er klar, daß in der Kehre nicht das Ergebnis seines Denkweges zu sehen sei. »Die Kehre spielt im Sachverhalt selbst« und ist insofern keine private Angelegenheit, die eine persönliche Verirrung korrigieren würde, etwa die seiner zeitweiligen Sympathie für das Naziregime und für Adolf Hitler, den der Philosoph aus dem Schwarzwald führen wollte.[1]

Hannah Arendt (1906–1975) interpretiert die Kehre als Wendung gegen die Anmaßungen des Willens zum Herrschen, deren sich Heidegger in seiner berühmt-berüchtigten Rektoratsrede schuldig gemacht hatte[2]; und Jürgen Habermas (geb. 1929) meint, »daß Heidegger nur über seine vorübergehende Identifikation mit der Bewegung des Nationalsozialismus [...] den Weg zur temporalisierten Ursprungsphilosophie der Spätzeit finden konnte«[3]. Hingegen hat Heidegger selbst immer darauf beharrt, daß die Kehre aus seiner Philosophie zu verstehen sei – daß Heidegger »seine Handlungen und Aussagen von sich als empirischer Person ab[löst] und sie einem nicht zu verantwortenden Schicksal« attribuierte, bleibt davon unberührt.[4]

Heidegger, der es immer abgelehnt hat, sein Denken in zwei Phasen einzuteilen, betrachtet die Kehre, jenes »andere, die Subjektivität *verlassene* Denken« (GA 9, 327), als die folgerichtige Konsequenz des Ansatzes von *Sein und Zeit*. Dieser habe sich noch nicht von der »Sprache der Metaphysik« gelöst, so daß das »Denken im zureichenden Sagen dieser Kehre versagte«, wobei jedoch der dritte, nicht veröffentlichte Abschnitt von *Sein und Zeit* auf das Neue vorgriff.[5] Und tatsächlich kündigte sich hier bereits das Problem der Spätphilosophie an. Wurde bislang das Dasein auf die Zeit hin interpretiert, so soll nun das Sein aus der Zeit erschlossen werden. In dem Aufsatz »Was ist Metaphysik« von 1929 wird dieser Schritt vorbereitet: Die Zeit wird nicht mehr als der Horizont von Sein ausgegeben, sondern »verweist auf die Unverborgenheit, das heißt die Wahrheit des Seins [...]. So wird Zeit der erst zu bedenkende Vorname für die allererst zu erfahrene Wahrheit des Seins.« (GA 9, 376 f) Heidegger, der hier noch die Sprache der Metaphysik spricht, meint, daß die Zeit als Wahrheit des Seins selbst erst noch zu bedenken wäre.

Dies aber erscheint ohne eine neue Konzeption des Daseins nicht möglich. Dessen Vollmachten werden daher in den folgenden Jahren in dem Maße eingeschränkt, wie dem Sein Vollmachten zugesprochen werden. Nun behauptet Heidegger: »Da-sein heißt: Hineingehaltenheit in das Nichts. Sich hineinhaltend in das Nichts ist das Dasein je schon über das Seiende im ganzen hinaus. Dieses Hinaussein über das Seiende nennen wir Transzendenz.« (GA 9, 115) Heidegger fragt hier also noch wie die Tradition über das Seiende hinaus, aber er antwortet nicht mehr wie diese. Denn die Überschreitung führt bei ihm schnurstracks in das Nichts, in welches das Dasein nun hineingehalten ist. Die heroische Entschlossenheit von *Sein und Zeit* weicht damit einer Position, in der das Dasein zum angstdurchzitterten Platzhalter des Nichts wird. Zwar ist hier der Mensch noch nicht der »Hirt des Seins«, wie Heidegger später seine Position zusammenfassen wird, er ist jedoch auch nicht mehr jenes Dasein, das sich im Modus der Eigentlichkeit aktivisch auf seine Möglichkeiten hin entwirft.

Das Dasein ist nun in das Nichts »hineingehalten«. Und dabei kommt es in den »Anspruch« des Seins. Von hier ist es dann nur noch ein kleiner Schritt zu der These, daß der Mensch als der »Hirt des Seins« verstanden werden müsse, der »in die Wahrnis seiner Wahrheit gerufen« wird. (GA 9, 342) Nachdem sich die Unheimlichkeit Nichts aufgelöst hat, in dessen Abgründe man nach Heidegger mindestens einmal geschaut haben muß, um überhaupt zu begreifen, daß etwas ist, und nicht vielmehr nichts ist, bekommt das Sein plötzlich huldvolle Züge. Der Mensch wird aus seinem Sündenfall in das Uneigentliche herausgerissen und befindet sich nun in der unmittelbaren Nachbarschaft zum Sein. So wird nun dem Menschen, der im Verlauf seiner abendländischen Geschichte diese Nachbarschaft fast schon vergessen hatte, eines wieder klar: Er »ist der Nachbar des Seins« (GA 9, 342).

Beim Sein angekommen, wiederholt sich so der Weg von *Sein und Zeit* dahingehend, daß es nun nicht mehr die Odyssee

des je-meiniglichen Daseins in seiner Verfallenheit an das Uneigentliche ist, die dargestellt wird, sondern die Verfallsgeschichte des Seins selbst. Und in diesem Sinn läßt sich dann
auch die Kehre als ein Versuch verstehen, »den Ansatz der
Frage in ›Sein und Zeit‹ einer immanenten Kritik zu unterwer-
fen«, um in einen anderen Bereich vorzustoßen, der dem der
Metaphysik versagt bleiben muß. Dazu muß jedoch die »ganze Analytik ursprünglicher und in ganz anderer Weise wiederholt werden«, eben vom Sein aus.

Metaphysik und Metaphysikkritik

Die Kehre, die vom Dasein zum Sein führt, führt damit auch
zur Metaphysik und ihrer Kritik, oder, wie Heidegger sagen
wird: zu ihrer »Verwindung« zurück, da dieses Sein von der
Metaphysik seit Platon und Aristoteles immer schon verfehlt
wird. Und hierfür gibt es einen einfachen Grund: »Die Metaphysik denkt, insofern sie stets nur das Seiende als Seiendes
vorstellt, nicht an das Sein selbst.« (GA 9, 367) Die gegenstandstheoretische Orientierung der Metaphysik verstellt den
Bereich, in den Heidegger hineinfragen will, den Bereich, der
in ein anfängliches Denken im Sinne eines Denkens eines anderen Anfangs führt.
Heidegger will nicht als Metaphysiker über die Metaphysik
sprechen, sondern er ist als der, der eine metaphysische Frage stellt, »in der Frage mit da, d. h. in die Frage gestellt« (GA 9,
103). In der zur 5. Auflage des Vortrages »Was ist Metaphysik?« geschriebenen Einleitung aus dem Jahre 1949 behauptet
er, daß dies der einzige Weg sei, um »in den Grund der Metaphysik« zurückzukehren. (GA 9, 367) Heidegger stellt also die
Frage nach dem Wesen der Metaphysik durchaus noch traditionell, aber er antwortet nicht mehr traditionell, daß das Wesen der Metaphysik darin bestehe, nach dem Allgemeinen
und Unveränderlichen zu fragen. Vielmehr gelte es, den »Sinn
von Sein« aus der Endlichkeit des menschlichen Daseins und

so aus dem Horizont der Zeit zu erfahren – ein in der Geschichte der Metaphysik wirklich neuer Weg.

Die Frage: »Warum ist überhaupt Seiendes und nicht vielmehr Nichts?«, die auch schon die alte Metaphysik beschäftigt hat, müsse auf eine neue Weise gestellt und beantwortet werden. Und zwar so, daß das Nichts nicht mehr nur als das unbestimmte Gegenüber des Seienden gefaßt wird. Das Sein und das Nichts müssen in der Konkretheit des existenziell gefaßten Daseins verbunden werden, »weil das Sein selbst im Wesen endlich ist und sich nur in der Transzendenz des in das Nichts hinausgehaltenen Daseins offenbart« (GA 9, 120). Davon weiß weder die traditionelle Metaphysik noch die Wissenschaft etwas. Denn die Wissenschaft nimmt die Wirklichkeit nur unter dem Gesichtspunkt der Vergegenständlichung wahr: »Nur was dergestalt Gegenstand wird, *ist*, gilt als seiend. Zur Wissenschaft als Forschung kommt es erst, wenn das Sein des Seienden in solcher Gegenständlichkeit gesucht wird.« (GA 5, 87) »Das Nichts möchte die Wissenschaft mit überlegener Geste preisgeben.« Würde sich das wissenschaftliche Dasein jedoch nicht beständig selbst mißverstehen, dann würde ihm klar, daß es selbst »nur möglich ist, wenn es sich im vorhinein in das Nichts hineinhält [...]. Nur wenn die Wissenschaft aus der Metaphysik existiert, vermag sie ihre wesenhafte Aufgabe stets neu zu gewinnen, die nicht im Ansammeln und Ordnen von Kenntnissen besteht, sondern in der immer wieder neu zu vollziehenden Erschließung des ganzen Raumes der Wahrheit von Natur und Geschichte.« (GA 9, 121)

Heidegger, der mit der Ursprungsphilosophie die Überzeugung teilt, daß die Wissenschaften begründungsbedürftig und begründungsfähig sind, setzt die Metaphysik gegenüber der Wissenschaft wieder in ihre alten Rechte ein, weil er meint, daß es den Raum des Gebens und Nehmens von Gründen nur auf der Basis des von der Wissenschaft preisgegebenen Nichts gibt – womit ein Prozeß in Gang gesetzt worden sein soll, in dem das Allernächste zum Signum des Allerfernsten wird. Denn das Seiende, dem die alleinige Aufmerksamkeit der Wissenschaft gilt, wird zwar auf diese Weise durch die neuzeitliche Vernunft berechen- und beherrschbar, die Technik leistet dazu das Ihre. Der damit initiierte Prozeß der Verwissenschaftlichung führt jedoch dazu, daß die so erschlossene Welt dem Menschen immer fremder wird. Denn das Sein bleibt ihm trotz der gewaltigen Erfolge der Wissenschaften verborgen, so daß er auch den »Sinn von Sein« immer mehr aus den Augen verliert.

Die sich beständig überschlagenden Siege der Wissenschaften sind nach Heidegger teuer erkauft, nämlich mit einem zunehmenden Verlust an Orientierung in einer Welt, die außer Rand und Band geraten scheint. Dabei geht Heidegger davon aus, daß diese »Verfallenheit« der Wissenschaft an das Seiende durch deren eigenes Wesen verursacht sei. »Das exakte Denken bindet sich lediglich in das Rechnen mit dem Seienden und dient ausschließlich diesem.« (GA 9, 308) Nun entspricht dies in gewisser Hinsicht schon der These in *Sein und Zeit*. Denn auch hier behauptet Heidegger ja, daß das vergegenständlichende Denken das Sein nicht erreichen würde. Neu ist, daß er diese »Verfallenheit« jetzt der Metaphysik anlastet und auf deren gesamte Geschichte überträgt. Die moderne Entwicklung von Wissenschaft und Technik erscheint in dieser Perspektive dann als die letzte Konsequenz der sich vollendenden abendländischen Metaphysik, wie sie Nietzsche mit seiner Formel vom »Willen zum Willen« philosophisch auf den Begriff gebracht hat. Die Ursache für diese Vollendung der Metaphysik sieht Heidegger darin, daß sich der Mensch seit Platon als das »animal rationale« begreift und Denken und Handeln unter die Imperative einer wild gewordenen Zweckrationalität zwingt.

In seiner Spätphilosophie, die Heidegger seit Mitte der dreißiger Jahre konsequent entfaltete, erhebt er Nietzsches Denken des Willens zur Macht in den Rang der maßgeblichen metaphysischen Vorbereitung des gegenwärtigen Zeitalters. Anzumerken ist hier, daß Heidegger bei seiner Deutung von Nietzsches »eigentlicher Philosophie« auf das aus dem Nachlaß herausgegebene Konvolut zurückgreift, also nicht auf Nietzsche selbst, sondern auf eine Fälschung. Aber wie dem auch war: Nietzsche wird für Heidegger zum Zeugen, daß der Wille zur Macht dem Zeitalter seinen Stempel aufgedrückt hat. Das totalitäre Wesen der Epoche sei durch die global ausgreifenden Techniken der Naturbeherrschung, der Kriegführung und der Rassenzüchtung charakterisiert, in denen die verabsolutierte Zweckrationalität »der Durchrechnung alles Handelns und Planens« zum Ausdruck kommt. Diese gründet in jenem spezifisch neuzeitlichen Seinsverständnis, das sich seit der Neuzeit beständig radikalisiert hat. Die Neuzeit, deren Seinsverständnis durch den epochalen Einschnitt der cartesianischen Bewußtseinsphilosophie auf den Weg gebracht wird, bestimmt sich nach Heidegger »dadurch, daß der Mensch Maß und Mitte des Seienden wird. Der Mensch ist das allem Seienden, d. h. neuzeitlich aller Vergegenständlichung und Vorstellbarkeit Zugrundeliegende, das subiectum.« (GA 6.2, 51) Mit Descartes, der in der Mitte zwischen Protagoras und Nietzsche steht, wird die Subjektivität des Selbstbewußtseins als die zweifelsfreie Grundlage des Vorstellens zur letzten zweifelsfreien Instanz, die alles Seiende in eine subjektive Welt vorgestellter Objekte und die Wahrheit in subjektive Gewißheit verwandelt.

Für Heidegger ist die Metaphysik der Neuzeit »Metaphysik der Subjektivität«, an deren Anfang Descartes und an deren Ende Nietzsche steht. Descartes hat den metaphysischen »Grund« gelegt, von dem sich auch Nietzsche trotz allem anticartesianischen Furor nicht zu lösen vermochte. Nun kreist der Mensch als das »animal rationale« nur noch um sich selbst. Der christliche Gott wird durch den cartesianischen Zweifel aus seinem Himmel vertrieben und vom sich gottgleich denkenden Menschen ersetzt, der im Verbund mit Wissenschaft und Technik alles unter seine Verfügungsgewalt zu bringen sucht. »Wissen ist Macht« lautet fortan die Parole der sich ihrer selbst gewissen Subjektivität. Ihre Selbststeigerung bezahlt sie mit einer »Heimatlosigkeit«, die »in der Seinsverlassenheit des Seienden« gründet. »Damit beginnt geschichtlich die ›Kultur‹ als das Gefüge des seiner selbst gewissen, auf seine eigene Selbstsicherung bedachten Menschentums.« (GA 6.2, 386)

Dieses neuzeitliche Seinsverständnis, das alle normativen Orientierungen in die Machtansprüche einer auf Selbststeigerung versessenen Subjektivität zerlegt, haben Hegel und Nietzsche auf je unterschiedliche Weise auf den Begriff gebracht. Mit ihnen ist die Metaphysik als »Metaphysik der Subjektivität« in das Stadium ihrer Vollendung eingetreten. »In Hegels Metaphysik wird die spekulativ-dialektisch verstandene rationalitas bestimmend für die Subjektivität, in Nietzsches Metaphysik wird die animalitas (Tierheit) zum Leitfaden. Beide bringen, in ihrer wesensgeschichtlichen Einheit gesehen, die rationalitas und die animalitas zur unbedingten Geltung«. (GA 6.2, 178) Steht am Anfang der abendländischen Metaphysik der Homo-mensura-Satz (»Der Mensch ist das Maß aller Dinge«), so an deren Ende der Satz: »Homo est brutum bestiale. Nietzsches Wort von der ›blonden Bestie‹ ist nicht eine gelegentliche Übertreibung, sondern das Kennzeichen und Kennwort für einen Zusammenhang, in dem er wissend stand, ohne seine wesensgeschichtlichen Bezüge zu durchschauen.« (GA 6.2, 178)

Zwar stellte sich Nietzsche mit seiner Losung vom Tod Gottes und dem Nihilismus gegen diese Metaphysik der Subjektivität, die immer auf eine ontologisch formulierte Transzendenz ausgerichtet gewesen sei. Gleichwohl steht er noch jenseits der Grenze zu einem nach-metaphysischen Denken. Denn er habe seine eigene Philosophie lediglich als eine »Umkehrung des Platonismus« verstanden. Aber jede »Umkehrung eines metaphysischen Satzes bleibt ein metaphysischer Satz« (GA 9, 328). Heidegger attestiert Nietzsche, daß er zu den wenigen gehört, die überhaupt ein Gespür für diese Grundbewegung des abendländischen Denkens gehabt haben. Mit seiner »Umwertung aller Werte« ist Nietzsche dem bisherigen Nihilismus entgegengetreten – seine Formel vom »Willen zur Macht« ist der exemplarische Ausdruck dieser Gegnerschaft. Dennoch verkörpert er nicht das wirklich Neue gegenüber der abendländischen Metaphysik und ihrem nihilistischen Grundzug, vielmehr steht er auf dem Gipfel ihrer Vollendung. Denn auch für ihn noch gilt: »Solange der Mensch das animal rationale bleibt, ist er das animal metaphysicum.« (GA 9, 367)

Durch Nietzsche werden jedoch die denkerischen Kräfte aufgedeckt und in Gang gesetzt, die im 20. Jahrhundert zur »planetarischen« Wirksamkeit gelangten. Nietzsche hat den schwachen und verschämten Nihilismus der gesamten abendländischen Geschichte entlarvt und in den starken und offenen Nihilismus des Willens zur Macht verwandelt. Schließlich hat er versucht, diesen Nihilismus aus dem Prinzip des Willens zum Willen noch einmal zu überwinden, womit die abendländische Philosophie zu ihrem definitiven Ende gelangt sei, da sie nun »den Umkreis der vorgezeichneten Möglichkeiten abgeschritten« hat. (GA 7, 81) »Die *Wesensmöglichkeiten* der Metaphysik« sind erschöpft, was das »Weiterbestehen bisheriger metaphysischer Grundstellungen« nicht ausschließen muß. (GA 6.2, 179) So verbleibt Nietzsche zwar im Bannkreis der Metaphysik und damit des Nihilismus, von dem Heidegger sagt, daß er, »in seinem Wesen gedacht«, »die Grundbewegung des Abendlandes« sei. (GA 5, 218) Nietzsches Satz »Gott ist tot« stellt für Heidegger die höchste Entwicklungsstufe des abendländischen Nihilismus dar. Mit Nietzsche sind aber auch die Möglichkeiten der Metaphysik ausgeschöpft, so daß sich jetzt auch das Problem eines »anderen Anfangs« in seiner vollen Schärfe stellt. Denn »mit dem Ende der Philosophie ist nicht auch schon das Denken zu Ende, sondern im Übergang zu einem anderen Anfang« (GA 7, 81).

Vor dem Hintergrund dieser These entwickelt Heidegger im Umfeld der Nietzsche-Vorlesungen seine Diagnose der Moderne.

»Der Wille zum Willen erzwingt sich als seine Grundform des Erscheinens die Berechnung und die Einrichtung von Allem, dies jedoch nur zur unbedingten fortsetzbaren Sicherung seiner selbst. Die Grundform des Erscheinens, in der dann der Wille zum Willen im Ungeschichtlichen der Welt der vollendeten Metaphysik sich selbst einrichtet und berechnet, kann bündig ›die Technik‹ heißen. Dabei umfaßt dieser Name alle Bezirke des Seienden, die jeweils das Ganze des Seienden zurüsten: die vergegenständlichte Natur, die betriebene Kultur, die gemachte Politik und die übergebauten Ideale [...]. Der Name ›die Technik‹ ist hier so wesentlich verstanden, daß er sich in seiner Bedeutung deckt mit dem Titel: die vollendete Metaphysik. Er enthält die Erinnerung an die τεχνη [techne], die eine Grundbedingung der Wesensentfaltung der Metaphysik ist. Der Name ermöglicht zugleich, daß das Planetarische der Metaphysikvollendung und ihrer Herrschaft ohne Bezugnahme auf historisch nachweisbare Abwandlungen bei Völkern und Kontinenten gedacht werden kann.« (GA 7, 78 f.)

Die Technik, die Heidegger mit der Vollendung und dem Ende der Metaphysik gleichsetzt – wobei er die Geschichte der abendländischen Metaphysik als die seinsgeschichtlich allein bedeutsame Geschichte versteht –, erscheint nun als die schlechthin seiende Wirklichkeit des gegenwärtigen Zeitalters. Sie wird zu »Allem«.

Mit der sich in Technik ausprägenden Herrschaft des Willens zum Willen wird für Heidegger das Zeitalter der Gegenwart in seiner Gänze erfaßbar, das sich als solches freilich nicht durchsichtig ist. Es ist seinsvergessen und seinsverloren. Der Wille zum Willen will den fraglosen Vollzug seiner absoluten Herrschaft über alles und jeden. Trotz der mannigfaltigen Gegensätze und Widersprüche, der Verwerfungen und Umbrüche, die Heideggers Jahrhundert prägten, scheint es so, als ob der ganze Wirbel nur »in das maßlose Und-so-weiter des Immergleichen und Gleichgültigen«, in die »trostlose Raserei der entfesselten Technik und der bodenlosen Organisation des Normalmenschen« treibt. (GA 40, 49 und 40 f.)

Dies gilt auch für das Politische. Einerlei, ob Frieden oder

Krieg: hier wie dort handelt es sich um eine »Abart der Vernutzung des Seienden« im Dienst »der Sicherung der Leere der Seinsverlassenheit« (GA 7, 94). Der Unterschied zwischen beiden erscheint metaphysikgeschichtlich als bedeutungslos. »Die Frage, wann Frieden sein wird, läßt sich nicht deshalb nicht beantworten, weil die Dauer des Krieges unabsehbar ist, sondern weil schon die Frage nach etwas fragt, das es nicht mehr gibt, da auch schon der Krieg nichts mehr ist, was auf einen Frieden auslaufen könnte. Der Krieg ist zu einer Abart der Vernutzung des Seienden geworden, die im Frieden fortgesetzt wird.« (GA 7, 91) Vor dem metaphysischen Blick Heideggers wird der Gegensatz von Krieg und Frieden banal, weil nicht dieser Gegensatz das Problem sei, sondern die Vorstellung, man könnte mit dem technischen Organisationsprinzip die Welt in Ordnung bringen. Damit ebnet man »jeden Rang in die Gleichförmigkeit des Herstellens ein und zerstört »so im vorhinein den Bereich einer möglichen Herkunft von Rang und Anerkennung aus dem Sein« (GA 5, 295).

Gleichviel ob die modernen Ideen im Namen der Vernunft oder der Zerstörung der Vernunft auftreten, das Prisma des neuzeitlichen Seinsverständnisses zerlegt alle normativen Orientierungen in Machtansprüche einer auf Selbststeigerung versessenen Subjektivität. So ist dann auch der »Nationalismus [...] metaphysisch ein Anthropologismus und als solcher Subjektivismus«, der von seinem Gegenpart, dem »Internationalismus«, nicht überwunden werden kann, weil dieser nur die Erweiterung von jenem sei. (GA 9, 341) Amerika und Rußland, die einstigen Siegermächte über Deutschland, erscheinen nun als Gegenbewegungen dessen, was sich zwischen 1933 und 1945 mit dem Nationalsozialismus in Deutschland als »Bewegung der planetarisch bestimmten Technik und des neuzeitlichen Menschen« (GA 49, 152) abspielte. Die neuen politisch-weltanschaulichen Mächte tragen alle die gleichen Symptome der »trostlosen Raserei« der »entfesselten Technik«, die den gesamten weltpolitischen Vorgang kennzeichnet. Im Gegensatz freilich zu Amerika, das in dieser Sicht lediglich als der Rückstoß des neuzeitlichen Wesens des Europäischen auf das alte Europa erscheint, in dem »in der Vollendung der Metaphysik durch Nietzsche wenigstens Bereiche der wesentlichen Fragwürdigkeit einer Welt vorgedacht sind, in der das Sein als der Wille zum Willen zu herrschen beginnt« (GA 5, 291 f.), kommt Rußland immerhin das Verdienst zu, im Anschluß an Marx einen bewußten Materialismus zu praktizieren, dem zufolge »alles Seiende als Material der Arbeit erscheint«, worin sich immerhin »eine elementare Erfahrung dessen ausspricht, was weltgeschichtlich ist« (GA 9, 340).

Nicht in der liberalen Tradition des Westens, sondern in der totalitären des Ostens bringt sich der Wille zum Willen bewußt, gewollt und ganz zum Austrag – weshalb Heidegger später sogar die These relativiert, daß Nietzsche am Ende des abendländischen Denkens steht. Denn nun meint er, mit Marx sei »die Position des äußersten Nihilismus erreicht« (GA 15, 393), insofern der Marxismus um die Wirklichkeiten des Zeitalters weiß, nämlich um die wirtschaftliche Entwicklung und die Rüstung, »die sie verlangt«. (GA 15, 352) Rußland redet offen über das, worüber Amerika nur verschämt schweigt.

Die prägende Signatur der Moderne erscheint so als die letzte Konsequenz der neuzeitlichen Metaphysik der Subjektivität, eben weil es sich bei der Praxisform totalitärer Herrschaft nur um die Kehrseite des erkennenden und handelnden Subjekts handeln soll, das seit Descartes im Zentrum des philosophischen Diskurses der Neuzeit steht. Heidegger, der mit seiner Zeitdiagnose die metaphysische Dramaturgie des gesamten Stücks entlarven will, in dem auch die beiden Weltmächte ihren Auftritt haben, kann freilich nicht mehr wie Nietzsche einem ästhetisch erneuerten Dionysos-Mythos die Überwindung des Nihilismus zutrauen. Denn die von Nietzsche behauptete Verquickung von Geltung und Macht erscheint ihm nur darum skandalös, weil sie den glorifizierten Willen zur

Macht behindert, der bei Nietzsche mit Konnotationen der künstlerischen Produktivität besetzt ist. Zudem ist Heidegger vorsichtig genug, um den paradoxen Konsequenzen einer sich selbst überbietenden Vernunftkritik nicht geradewegs aufzusitzen. Er will das Ziel, das Nietzsche mit einer totalisierenden Vernunftkritik verfolgte, mit einer immanent ansetzenden Destruktion der abendländischen Metaphysik erreichen. Spannte Nietzsche den Bogen des dionysischen Geschehens zwischen altgriechischer Tragödie und neuer Mythologie aus, so verlegt Heidegger dieses Geschehen vom Schauplatz einer ästhetisch erneuerten Mythologie wieder zurück auf den der Philosophie – und zwar so, daß die abendländische Metaphysik zum Schauplatz für die Erstarrung und die Erneuerung der dionysischen Kräfte wird. Heidegger will die Heraufkunft und die Überwindung des Nihilismus als Anfang und als Ende der Metaphysik beschreiben.

Zwar meint auch er, daß sich die instrumentelle Vernunft an Macht assimiliert hat, wodurch sie ihre kritische Kraft eingebüßt hat. Die Enthüllung dieses Tatbestandes kann und will Heidegger aber nicht mehr als einen Akt der Selbstreflexion, die Überwindung der Metaphysik nicht als einen letzten Akt der Enthüllung verstehen. Denn solch eine Überwindung der Metaphysik, wie sie in unterschiedlicher Weise von Carnap und Theodor W. Adorno (1903–1969) versucht wurde, gehört selbst noch zur Metaphysik, insofern es hier wie dort die neuzeitliche Subjektivität sein soll, die selbstreflexiv einen Ausweg aus einer ausweglosen Situation aufzeigen soll. Carnap und Adorno bleiben nach Heidegger noch in der Kritik der Metaphysik an deren Voraussetzungen gebunden: an die neuzeitliche Subjektivität.

»Ein Denken, das an die Wahrheit des Seins denkt, begnügt sich zwar nicht mehr mit der Metaphysik: aber es denkt auch nicht gegen die Metaphysik. Es reißt, um im Bild zu sprechen, die Wurzel der Philosophie nicht aus. Es gräbt ihr den Grund und pflügt ihr den Boden. Die Metaphysik bleibt das Erste der Philosophie. Das Erste des Denkens erreicht sie nicht.« (GA 9,

367) Nach Heidegger muß das Denken, das die ontologische Differenz als Leitfaden nimmt, auf eine Erkenntniskompetenz zurückgreifen, jenseits der Selbstreflexion und jenseits des diskursiven Denkens aufgestellt sein. Dies wäre ein Denken, das sich nicht nur nicht in dem durch die Subjektphilosophie vorgezeichneten Seinsverständnis der Moderne bewegt, sondern das aus dem Bannkreis des Objektivismus herausgetreten ist und sich der Notwendigkeit eines anderen Anfangs stellt. Daß ein solches Denken in den Wissenschaften keinen Bündnispartner mehr finden kann, versteht sich von selbst. Denn: »die Wissenschaft denkt nicht« (GA 7, 133). Sie forscht, ergründet und berechnet lediglich das Seiende, nie aber das Sein.

Das anfängliche Denken als das Denken eines anderen Anfangs

Heidegger sucht nach einem Denken, das »strenger ist als das begriffliche« (GA 9, 357). Es ist das Denken eines anderen Anfangs, von dem er sich die Rettung verspricht. Die Rettung, so sie denn überhaupt kommt, vollzieht sich aber nicht mehr aus dem Denken, sondern nur noch aus dem Sein. Der Grund hierfür lautet: »Das Denken *vollbringt* den Bezug des Seins zum Wesen des Menschen. Es macht und bewirkt diesen Bezug nicht.« Der Bezug wird vom Sein selbst gestiftet, das damit den Platz eines subjektlosen Erzeugers einnimmt. Denn das ursprüngliche Denken entspringt »dem Sein selbst«, »um so dem Sein als solchem zu entsprechen« (GA 9, 368). Die »Vergessenheit des Seins«, die Heidegger auch als den »metaphysisch-nihilistischen Grundzug« des gegenwärtigen Zeitalters beschreibt, kann auf den ausgeschrittenen Bahnen der Metaphysik nicht kuriert werden. Deshalb gelte es, von den ewigen Überwindungen »abzulassen und die Metaphysik sich selbst zu überlassen« (SD 25).

Die Geschichte der abendländischen Metaphysik beschreibt

Heidegger also unter zwei Aspekten: einerseits unter dem Aspekt ihrer Vollendung und andererseits unter dem einer möglichen Umkehr. Dabei bleibt offen, inwieweit die »Vorzeichen« in ein Denken führen, das jenseits der Metaphysik liegt. Klar jedoch ist, daß Heidegger die Vollendung der Metaphysik als den Ort der »Unentschiedenheit« interpretiert, »ob das Seiende in seinem Vorrang beharrt« oder ob »in ihr als einem Äußersten der Verbergung des Seins schon die Entbergung dieser Verbergung und so der anfänglichere Anfang sich lichtet« (GA 6.2, 430). Die Gegenwart erscheint dergestalt als Zeit der Krise, über die das endgültige Urteil noch nicht verhängt ist. Sie steht unter dem Druck der Entscheidung, »ob diese Endzeit der Abschluß der abendländischen Geschichte sei oder das Gegenspiel zu einem anderen Anfang« (GA 6.1, 431). Es ist die Frage, ob »das Abendland sich noch zutraut, ein Ziel über sich und der Geschichte zu schaffen, oder ob es vorzieht, in die Wahrung und Steigerung von Handels- und Lebensinteressen abzusinken und sich mit der Berufung auf das Bisherige, als sei dies das Absolute, zu begnügen« (GA 6.1, 521).

Ein anderer Anfang muß her, ein Anfang, der dem Leben der Menschen wieder Maß und Sinn geben soll. Dazu ist nach Heidegger ein Denken erforderlich, das die griechische Erfahrung in ihrem ursprünglichen Sinne freizulegen in der Lage ist, mithin ein Denken, das die Sprache der Metaphysik nicht mehr wiederholt, sondern überwunden hat. Wie Heidegger in Auseinandersetzung mit Ernst Jünger (1895–1998) deutlich macht, stirbt »die Frage nach dem Wesen des Seins [...] ab, wenn sie die Sprache der Metaphysik nicht aufgibt, weil das metaphysische Vorstellen es verwehrt, die Frage nach dem Wesen des Seins zu denken« (GA 9, 405). Denn die »Sprache der Metaphysik und die Metaphysik selbst« bilden eine Schranke, »die einen Übergang über die Linie, d. h. die Überwindung des Nihilismus verwehrt« (GA 9, 405).

Der Nihilismus, der für Heidegger in zweideutiger Weise das Ende der Metaphysik als deren Vollendung und als deren Ver-

147

nichtung anzeigt, vermag es nicht, die griechische Erfahrung in ihrem ursprünglichen Sinne freizulegen. Zwar meint Heidegger, daß Nietzsche der Denker sei, der »mit seiner Metaphysik an den Anfang der abendländischen Philosophie zurückkommt« (GA 6.1, 16) und als »Künstler-Philosoph« quasi die Gegenbewegung zum Nihilismus anführt. In dessen machttheoretischer Entlarvung des Aufklärungsrationalismus und der Philosophie der Subjektivität sieht Heidegger jedoch selbst noch einen Rest von Aufklärung versteckt – im *Brief über den »Humanismus«* schreibt Heidegger, daß Nietzsche zwar die Heimatlosigkeit tief erfahren habe, daß er aber innerhalb der Metaphysik keinen anderen Ausweg als die Umkehrung der Metaphysik gesehen habe, die sich jedoch in Wahrheit lediglich als die konsequente »Vollendung der Ausweglosigkeit« darstellt. (GA 9, 338)

Der andere Anfang läßt sich jedoch nicht als »Gegenrichtung zum ersten« verstehen, sondern »steht *als anderes* außerhalb des Gegen und der unmittelbaren Vergleichbarkeit« (GA 65, 187). Dies will besagen, daß das Denken des anderen Anfangs »nicht einfach dessen denkerische Negation sein kann, weil sie an das zu Negierende geketet bleibt. Und deshalb genügt eine *Gegen*-bewegung niemals für eine wesentliche Wandlung der Geschichte. Gegen-bewegungen verfangen sich in ihrem eigenen Sieg, und das sagt, sie verklammern sich in das Besiegte.« (GA 65, 186)

Der andere Anfang, der den Blick in den Sog der Zukunft ziehen soll, ist aus der Herkunft zu denken, eben weil Zukunft Herkunft ist. Einzig das Zurückkehren zu den Ursprüngen, zur »Wesensherkunft«, verheißt »das Neue«. Heidegger sieht nur vor dem Beginn der westlichen Metaphysik durch Platon und Aristoteles die Verheißungen eines ersten Anfangs, für den die Namen von Anaximander (611–547 v. Chr.), Parmenides (um 515 v. Chr.) und Heraklit (535–475 v. Chr.) stehen. Und er meint, daß das Denken eines anderen Anfangs sich mit Bezug auf den ersten Anfang »ereignen« soll. Es ist die Idee eines neuen Griechentums, die er mit dem Denken eines anderen Anfangs beschwört, insofern es sich um eine Wiederholung des bei den Griechen Mitgedachten als Zukunft handeln soll. »Daß die Griechen denkerisch, dichterisch, staatlich der Anfang waren, wird am härtesten dadurch erwiesen, daß das Ende, in dem wir heute stehen, nichts anderes ist als der Abfall von jenem Anfang, das wachsende Nichtmehrgewachsensein.« (GA 45, 115) Dergestalt ist die Geschichte der abendländischen Metaphysik nicht nur eine Geschichte des Abfalls, sondern auch eine des Verfalls. Sie ist im wahrsten Sinne des Wortes eine Verfallsgeschichte – wenn es denn überhaupt das gibt, was Heidegger immer wieder »die abendländische Metaphysik« nennt.[6]

Denken und Dichten

Mit Rekurs auf Friedrich Hölderlin (1770–1843) soll sich der Bann des Objektivismus brechen und neue Orientierung gewinnen lassen. Heidegger entlehnt Hölderlin die Denkfigur des abwesenden Gottes, um das Ende der Metaphysik als Vollendung und damit als untrügliches Anzeichen eines anderen Anfangs begreifen zu können. Hölderlins Dichtung soll in den anderen Anfang führen.

»Wenn [...] überhaupt ein Dichter für seine Dichtung die *denkerische* Eroberung fordert, dann ist es Hölderlin, und das keineswegs deshalb, weil er als Dichter beiläufig ›auch Philosoph‹ war und sogar einer, den wir ruhig neben Schelling und Hegel rücken dürfen, sondern: Hölderlin ist einer unserer größten, d. h. unser zukünftigster *Denker*, weil er unser größter *Dichter* ist. Die dichterische Zuwendung zu seiner Dichtung ist nur möglich als *denkerische* Auseinandersetzung mit der in dieser Dichtung errungenen *Offenbarung des Seyns*.« (GA 39, 5 f.)

Das Denken ist also der Dichtung nicht äußerlich, da es ihren Selbstbezug ausmacht. Er wendet sich dem Anfang zu, von dem er seine Bestimmung erhält. Die Zuwendung zum Anfang macht das Denken und Dichten zu einem Anfänglichen. Gleichwohl sieht Heidegger eine Gefahr, die der Dichtung durch das Denken droht, die Gefahr des »Zerredens und Zerdenkens der Dichtung«, und zwar »um so mehr, je weniger wir noch wissen *Dichten, Denken* und *Sagen,* erfahren haben, je weniger wir erfahren haben, wie und warum diese drei Mächte unserem ursprünglichen, geschichtlichen Dasein zuinnerst zugehören.« Das Denken bedroht den Selbstbezug des Dichtens. Indem sich das Dichten in der dichterischen Zuwendung des Denkens auf sich selbst bezieht – nur so kann es sich dem Anfang zuwenden –, bezieht es sich auch auf ein anderes, das es vom Anfang abwendet. Gleichwohl muß das Denken in die Dichtung eingegangen sein, weil sich denkerische Wiederholung der Dichtung als notwendig erweist. Das Denken ist die wiederholte Eroberung der Dichtung, die als Anfang das »ursprüngliche, geschichtliche Dasein« stiftet, weshalb Heidegger mit Hölderlin sagt, daß »das geschichtliche Dasein der Völker, Aufgang, Höhe und Untergang, aus der Dichtung entspringt und aus dieser das eigentliche Wissen im Sinne der Philosophie und aus beiden die Erwirkung des Daseins eines Volkes als eines Volkes durch den Staat – die Politik« (GA 39, 51). Nicht durch den Denker wird die »Wahrheit des Daseins eines Volkes« gestiftet, wie dies Heidegger noch in seiner Rektoratsrede meinte, sondern durch den Dichter, weil das geschichtliche Dasein der Völker aus der Dichtung entspringt. (GA 39, 144)

Die Sprache der Dichtung ist die Sprache in ihrem Ursprung, oder wie Heidegger auch sagt: Die Sprache ist ihrem Wesen nach dichterisch, weshalb das »Wesen der Sprache aus dem Wesen der Dichtung verstanden werden« muß. (GA 4, 43)

»In der Sprache geschieht die Offenbarung des Seienden, nicht erst ein nachdrücklicher Ausdruck des Enthüllten, sondern die ursprüngliche Enthüllung selbst, aber eben deshalb auch die Verhüllung und deren vorherrschende Abart, *der Schein.* Kraft der Sprache ist der Mensch der Zeuge des Seyns. Er steht für dieses ein, hält ihm stand und fällt ihm anheim. Wo keine Sprache, wie bei Tier und Pflanze, da ist trotz allem Leben keine Offenbarkeit des Seyns und daher auch kein Nichtsein und keine Leere des Nichts. Pflanze und Tier stehen diesseits von all dem, hier herrscht nur blinde Sucht und dumpfe Flucht. Nur wo Sprache, da waltet Welt. Nur wo Welt, d. h. wo Sprache, da ist höchste Gefahr, die Gefahr überhaupt, d. h. die Bedrohung des Seins als solchen durch das Nichtsein. Die Sprache ist nicht nur gefährlich, weil sie den Menschen in eine Gefahr bringt, sondern das Gefährlichste, die Gefahr der Gefahren, weil sie die Möglichkeit der Seynsbedrohung überhaupt erst schafft und allein offenhält. Weil der Mensch in der Sprache ist, deshalb schafft er diese Gefahr und bringt die in ihr lauernde Zerstörung. Als das Gefährlichste ist die Sprache das Zweischneidigste und Zweideutigste. Sie stellt den Menschen in die Zone höchsten Erringens und hält ihn zugleich im Bereich abgründigen Verfalls.« (GA 39, 62)

Die Sprache, von der hier die Rede ist, ist nicht mehr die, über die Heidegger in *Sein und Zeit* sagte, daß die »Rede« ihr »existenzial-ontologisches Fundament« sei. Nach der »Kehre« wird nicht nur die einstige Unterscheidung von Rede und Sprache aufgehoben, das Schweigen selbst wird nun zum Grund der Sprache erklärt. War seinerzeit das Schweigen lediglich eine Möglichkeit der Rede, so avanciert es nun zum Ursprung der Sprache. »Die Sprache selbst hat ihren Ursprung im Schweigen. Erst muß in diesem dergleichen wie ›Sein‹ sich gesammelt haben, um dann als ›Welt‹ hinausgesprochen zu werden. Jenes vorweltliche Schweigen ist mächtiger als alle menschlichen Mächte. Kein Mensch für sich hat je Sprache erfunden, d. h. war für sich stark genug, die Gewalt jenes Schweigens zu brechen, es sei denn unter dem Zwang der Götter. Wir Menschen werden immer schon in eine gesprochene und gesagte Rede hineingeworfen und können nur noch schweigen im Rückzug aus dieser Rede, und selbst dieses gelingt selten« (GA 39, 218) – wobei mit dieser Auszeichnung des Schweigens die »Erschweigung« zur »Logik‹ der Philosophie [wird], sofern diese aus dem anderen Anfang die Grundfrage fragt« (GA 65, 78).

Nach der »Kehre« und der damit zusammenhängenden Abrüstung des Daseins gehen so alle transzendentalen Vollmachten inklusive alle Erzeugungsleistungen des Daseins unmittelbar auf das Sein selbst über, das solcherart den Platz eines subjektlosen Erzeugers von Sinn übernimmt. Daher auch die berühmt-berüchtigte These: »Die Sprache spricht« (GA 12, 10), wobei die in dieser Sprachontologie implizierte Bedeutungstheorie im Grunde mit der Bezeichnungstheorie der intentionalistischen Semantik von Husserl identisch ist, da es sich hier wie dort um eine primitive Referenztheorie der Bedeutung handelt, nur daß im Rahmen der Sprachontologie die Referenz vom Sein selbst beigebracht wird.

Die Sprache soll es fortan sein, die den Worten die Bedeutungen verleiht, und nicht mehr das praktische Besorgen. Auch der »Sinn von Sein«, der ehemals über das »Verstehen der Existenz« und das praktische Besorgen aufgeklärt werden sollte, soll nun direkt mit Rekurs auf das Sein thematisch werden. Heidegger meint jetzt, daß sein früher Pragmatismus eine voreilige Kapitulation vor der »seit Jahrhunderten verherrlichten Vernunft« gewesen sei, die »die hartnäckigste Widersacherin des Denkens ist«, weshalb es gelte, das Denken neu, nämlich aus einem anderen Anfang heraus, zu denken. (GA 5, 267)

Aus diesem Grund verbindet sich dann bei Heidegger mit der Wende zur Sprache nicht das pragmatische Interesse an jenen Lebensformen, denen die Aufmerksamkeit des späten Wittgenstein gilt. Im Gegenteil: Heideggers späte Wende zur Sprache ist mit dem dezidiert antipragmatischen Interesse ihrer Verwindung verbunden. Eine Wendung im Sinne Wittgensteins verbietet sich für Heidegger schon deshalb, weil diese nicht deutlich genug gegen das »praktische Trauma« gerichtet ist, das es zu beseitigen gilt.[7] Daher fragt Heidegger auch noch dort nach einer »Gründung des Grundes«, wo sich bei Wittgenstein alle Begründungen erschöpft haben.[8] Und da diese Gründung nicht mehr durch ein intentionalistisches Bewußtsein erklärt werden kann, muß sie seinsphilosophisch in Ereigniskategorien erklärt werden – was Heidegger dann dazu veranlaßt, von der Sprache so zu reden, als sei sie eine Göttin, während alles bisherige Denken eine bereits zu Ende erzählte und auch zu Ende gekommene Geschichte in Form eines begrenzten Ganzen sei.[9]

Der späte Heidegger redet über die Welt wie einst der frühe Wittgenstein: »sub specie aeterni ... als – begrenztes – Ganzes«[10]. Der Grund hierfür ist der, daß Heidegger hofft, dem »Gerede« und der »Zeit des Weltbildes« zu entkommen. Und dabei spricht er der sich selbst sprechenden Sprache superlativistische Eigenschaften zu – während Wittgenstein meint, daß es zwischen Geschwätz und Nicht-Geschwätz nur einen graduellen Unterschied gebe und daß solch eine Hoffnung nur enttäuscht werden könne, weil es den Ort, von dem aus Heidegger zu sprechen meint, für ein endliches Wesen einfach nicht gebe. Nirgends.[11]

Kunst und Kunstwerk

Eine ästhetische Theorie in dem Sinne, wie wir sie von Kant oder Hegel kennen, hat Heidegger nicht formuliert. Dies bedeutet freilich nicht, daß dem Seinsdenker die philosophische Relevanz der Kunst vollständig entgangen wäre. Im Gegenteil. Diese Relevanz, so seine These, wird jedoch gerade von der traditionellen Ästhetik verkannt, die mit ihren Begriffen, wie Sinnbild, Allegorie, Metapher und Gleichnis, die platonische Trennung von Sinnlich-Materiellem und Geistigem reproduziert und dann die Kunstwerke als Objekte für ein Subjekt auffaßt. Dies ist der Grund dafür, daß Heidegger dieser Ästhetik nachsagt, auf einer »metaphysischen Kunstlehre« zu gründen. (GA 53, 21) Entsprechend der programmatischen Überwindung der Metaphysik strebte Heidegger auch hier eine »Überwindung der Aesthetik« an. Die Abhandlung *Der Ursprung des Kunstwerkes* ist die erste Realisierung dieses Projekts. Sie geht auf einen Vortrag zurück, den Heidegger erstmals im Jahr 1935 in Freiburg hielt. Die Vorarbeiten zu dieser Thematik stammen jedoch aus den Jahren 1931 und 1932, in denen Heidegger die berühmt-berüchtigte »Kehre« vollzog.[12]

Heidegger selbst hat in den *Beiträgen zur Philosophie* den Zusammenhang dieser beiden Überwindungsversuche wie folgt beschrieben. »Die Frage nach dem Ursprung des Kunstwerks will nicht auf eine zeitlos gültige Feststellung des Wesens des Kunstwerks hinaus, die zugleich als Leitfaden zur historisch rückblickenden Erklärung der Geschichte der Kunst dienen könnte. Die Frage steht im innersten Zusammenhang der Aufgabe der Überwindung der Aesthetik und d. h. zugleich mit einer bestimmten Auffassung des Seienden als des gegenständlich Vorstellbaren. Die Überwindung der Aesthetik wiederum ergibt sich als notwendig aus der geschichtlichen Auseinandersetzung mit der Metaphysik als solcher.« (GA 65, 503 f.) Sucht Heidegger die Frage nach dem Wesen der Kunst mit Rekurs auf die Frage nach dem Sein zu beantworten, so deshalb, weil er »die *philosophische Frage nach der Kunst auf einen neuen Grund*« stellen will, der überhaupt erst mit der »Ausarbeitung der Seinsfrage gewonnen wird.«[13]

Im Mittelpunkt des Kunstwerkaufsatzes steht die Frage nach dem »Wesen der Kunst«. Dabei verfährt Heidegger zunächst getreu der phänomenologischen Maxime: »Zu den Sachen selbst«. Er fragt nicht in psychologischer oder soziologischer Einstellung, wie Kunst erlebt wird oder inwiefern sie gesellschaftlich bedingt ist. Und er fragt auch nicht nach den ästhetischen Beurteilungsmaßstäben für Kunst oder nach ihrem geschichtsphilosophischen Werdegang. Heidegger hat weder eine Geschichtsphilosophie der schönen Kunst à la Hegel noch eine normative Ästhetik à la Kant im Sinne. Er fragt nach dem *ontologischen Status* des Kunstwerks, danach, was sein Wesen ausmacht – was als selbstverständlich unterstellt, daß es ein solches Wesen überhaupt gibt. Drei Thesen sind für seine Bestimmung von Kunst wichtig: Die erste lautet, im Kunstwerk habe sich »die Wahrheit ins Werk gesetzt«, die zweite, das Wesen der Kunst bestehe in der »Stiftung der Wahrheit«, die »Geschichte gründet« (GA 5, 21 und 65). Diese beide Thesen gründen auf einer dritten: Das Kunstwerk ist nur als *Werk* zu verstehen. Eine werklose Kunst ist keine Kunst. Nur als Werk ist Kunst wirklich. Oder wie es bei Goethe heißt: Die Kunst »stellt sich immer ganz in jedem einzelnen Kunstwerk« dar.[14]

Diese These scheint zunächst trivial. Denn in gewisser Hinsicht sind ja alle menschlichen Hervorbringungen als Werke zu verstehen. Werke sind keine Naturprodukte, wenngleich heute Käse- und Wurstwaren auch als solche bezeichnet werden, sondern Produkte des Geistes – wir würden heute sagen: der Kultur. Sie gehören der Sphäre des objektiven Geistes an, dessen Wirklichkeit bei Hegel die Weltwirklichkeit sein sollte – dies war ja der Grundgedanke seiner Geschichtsphilosophie. Werke als opera hominis, Werke des Menschen, sind gleichursprünglich opera mentis, Werke des Geistes. Im Unterschied zu Hegel bestimmt Heidegger die Werkhaftigkeit im allgemeinen und die der Kunst im besonderen aber nicht mehr über ihren Geistbezug, sondern über ihren Wahrheits- und Weltbezug. So teile die Kunst mit anderen menschlichen Hervorbringungen die Seinsart der Werkhaftigkeit. Sie unterscheide sich jedoch von ihnen dadurch, daß die Werkhaftigkeit der Kunst in der »Eröffnung der Wahrheit« liege und als solche eine Welt »aufstelle«. Und diese von der Kunst eröffnete Wahrheit ist nach Heidegger »das Wesen der Wahrheit«, oder, wie er auch sagt: »Im Kunstwerk hat sich die Wahrheit des Seienden ins Werk gesetzt. Die Kunst ist das Sich-ins-Werk-Setzen der Wahrheit.« (GA 5, 25)

Damit ist nicht die Wahrheit des Begriffs gemeint, von der noch Hegel sprach, oder das, was heute auch als »begriffliche Wahrheit« bezeichnet wird, die sich für uns mit Behauptungen über die Welt verbindet. Heidegger sprach ja bereits in *Sein und Zeit* der »Aussagenwahrheit« ab, »ursprüngliche Wahrheit« zu sein, weshalb er in diesem Zusammenhang auch von einem defizienten Modus sprach. Die »ursprüngliche Wahrheit« reservierte er damals für die »Erschlossen-heit«, also dem, was man »Welterschließung« nennen kann – daß Heidegger diese immer als bereits in unserem Rücken liegend mißverstand, ändert daran zunächst überhaupt nichts. Es ist einer der ganz großen Gedanken von Heidegger, diese *welterschließende Funktion* thematisch gemacht zu ha-ben, ein Gedanke, den er nun auf die Kunst überträgt, inso-fern er diese Erschließung von Welt zu ihrem Wesensmerk-mal erklärt.

Nach Heidegger entbirgt nämlich die Kunst Seiendes in der ursprünglichen Offenbarheit des Wahr-Seins. Was auch im-mer »ist«, es bleibt uns verschlossen, brächte die Kunst es nicht zum Wahrsein seiner selbst. Diese »Erschlossenheit« nennt Heidegger nun »Lichtung«. »Das Seiende kann als Sei-endes nur sein, wenn es in das Gelichtete dieser Lichtung herein- und heraussteht. Nur diese Lichtung schenkt und verbürgt uns Menschen einen Durchgang zum Seienden, das wir selbst nicht sind, und den Zugang zu dem Seienden, das wir selbst sind.« (GA 5, 40) Diese »Lichtung des Seien-den«, die immer sprachlich vermittelt ist bzw. »in der Spra-che« (GA 5, 62) geschieht, darf freilich nicht so verstanden werden, als sei sie eine »starre Bühne mit ständig aufgezo-genem Vorhang, auf der sich das Spiel des Seienden ab-spielt.« (GA 5, 41) Das Verstehen kann auch scheitern, eben weil sie »in sich zugleich Verbergung« ist (GA 5, 40). Es ge-hört zum Wesen des Verstehens, daß es immer auch schei-tern kann, wobei der Grund hierfür nach Heidegger der sein soll, daß es sich bei dieser »Lichtung« um ein übersubjekti-ves »Geschehen« handelt, das sich jeder subjektiven Verfü-gung entzieht.

Wenn Heidegger also sagt, daß die Kunst Seiendes in der ur-sprünglichen Offenbarheit des Wahr-Seins entbirgt, dann will er nicht nur deutlich machen, daß »das Seiende, wie es ist«, ein »Maß« für unsere einzelnen Verstehensvollzüge bereit-stellt (GA 29/30, 496 f.), sondern auch, daß unser gesamter Weltbezug durch die Kunst transzendental festgelegt ist. Was immer wir sehen und was immer wir nicht sehen, ist durch diesen Weltbezug bestimmt.[15] Kunstwerke schaffen also nicht nur eine neue Sprache, sie eröffnen mit dieser neuen Sprache auch ein neues Selbst- und Weltverständnis.

Ich habe bereits darauf hingewiesen, daß Heidegger im Umfeld von *Sein und Zeit* entschieden über das Ziel hinausschoß, als er Wahrheit und Welterschließung in ein hierarchisches Fundierungsverhältnis brachte, eben weil es sich hierbei um ein *hermeneutisches Zirkelverhältnis* handelt. Analoges gilt hier. Auch im Rahmen seiner Kunstwerkanalyse macht sich Heidegger der gleichen falschen Fundierung schuldig. Gleichwohl ist ihm zuzustimmen, wenn er immer und immer wieder eben diesen welterschließenden Zug der Kunst herausstellt. Durch die Kunst werden uns neue Sichtweisen vorgeführt, die konstitutiv für unser Welt- und Selbstverhältnis sind.

In der Sprache von Heidegger: Das Werkhafte der Kunst ist die Setzung der Welt als Welt. »Werksein heißt: eine Welt aufstellen.« (GA 5, 30) Und indem das Kunstwerk eine Welt aufstellt, »stellt es die Erde her«. Welt ist hier nicht im Sinne des Inbegriffs aller erfahrungsmöglichen Gegenstände gemeint wie bei Kant; und auch nicht im Sinne alles dessen, was der Fall ist, wie bei Wittgenstein. Denn dies wäre ein gegenständliches Weltverständnis. So aber begreifen wir den Menschen und seine Welt gerade nicht. Die Welt gegenständlich zu verstehen bedeutet, sie sich als ein Gegenüber von uns vorzustellen – was dann in der Philosophie zu den bekannten Dualismen führt. Die Setzung der Welt als Welt will Heidegger aber gerade nicht gegenstandstheoretisch verstanden wissen, da auf diese Weise genau der Bereich verstellt wird, der durch das Werk »eröffnet« wird (GA 5, 26 f.). Zudem legt das gegenstandstheoretische Mißverständnis abbildtheoretische Deutungen nahe, die in der Kunst ein Abbild der Wirklichkeit sehen – was dann überhaupt erst die Frage ermöglicht, inwieweit die Kunst diese Wirklichkeit auch getroffen hat. Ein Gedicht, ein Bild oder ein »Bauwerk, ein griechischer Tempel, bildet nichts ab.« (GA 5, 27) Sie eröffnen vielmehr eine Welt, die es vor ihnen so überhaupt noch nicht gegeben hat, wobei diese »Eröffnung« mit einem neuen normativen Selbstverständnis von historischen Wir-Gruppen vermittelt ist.

Im Kunstwerk wird also nicht bloß etwas erfahrbar, das vorher nicht *erkannt* war, sondern mit dem Kunstwerk selbst tritt »etwas Neues ins Dasein«,[16] das in dieser Form so vorher noch nicht existierte. Aus diesem Grund möchte Heidegger auch von einer Kunsttheorie loskommen, welche die Kunst als ästhetisches Erlebnis beschreibt und dadurch den Betrachter in den Mittelpunkt rückt: Es geht ihm vielmehr darum, die ontologische Struktur des Werks unabhängig von der Subjektivität seines Schöpfers oder Betrachters zu verstehen (GA 5, 1 ff.). Es ist eben erst die lebens- und weltkonstituierende Funktion, die ein Kunstwerk zu einem Kunstwerk macht. Nur in dieser lebens- und weltkonstituierenden Funktion ist dann der Tempelbau ein Kunstwerk. Nicht als Zweckbau ist er es, oder weil er auch »schön« genannt wird. Der Tempel ist nicht erst Kultbau und dann Kunstbau. Er ist als Kultbau Kunstbau. Verliert er diese seine ursprüngliche Funktion, durch Einklammerung seiner pragmatischen und lebensdienlichen Funktionen, verliert er auch seinen Status als Kunstbau.

Heidegger macht hier im Rahmen seiner Kunstwerkanalyse nicht nur auf die welterschließende Funktion der Kunst aufmerksam, sondern gleichzeitig auf den konstitutiven Zusammenhang von Kunst und Ethik, insofern Kunstwerke, die ihren Namen auch verdienen, immer eingelassen sind in das normative Selbstverständnis von partikularen Wir-Gruppen. Es sind Werke, die jemanden *betreffen* – oder eben auch nicht. Betreffen die Werke niemanden mehr, werden sie in Museen und Galerien ausgestellt, ohne diesen Bezug, dann hören sie auf Kunstwerke zu sein. Und die Museen und Galerien werden zu Orten kultureller Reliktkonservierung, die keinen Bezug mehr zu dem normativen Selbstverständnis der entsprechenden Gemeinschaft hat. In diesem Sinne entfaltet der Text nicht nur die These, daß sich in und durch die Kunst die Wahrheit »ins Werk setze«, sondern auch die, daß dieser Stiftung der Wahrheit in und durch die Kunst eine geschichts- gründende Macht zukomme.

Anmerkungen

Die Frühschriften

1 H. Schnädelbach: »Thesen über Geltung und Wahrheit«, in: ders.: *Zur Rehabilitierung des animal rationale*, Frankfurt a. M. 1992, S. 115.

2 Vgl. E. Tugendhat: *Vorlesungen zur Einführung in die sprachanalytische Philosophie*, Frankfurt a. M. 1976, S. 64.

3 Vgl. ebd., S. 158.

4 Vgl. W. Künne: *Abstrakte Gegenstände: Semantik und Ontologie*, Frankfurt a. M. 1983; vgl. auch W. Stegmüller: *Das Universalienproblem*, Darmstadt 1978.

5 Vgl. H. Lotze: *Logik. Die Lehre vom Urtheil, vom Begriff und vom Schluß*, Bd. 1, 2. Aufl. Freiburg im Br. 1889, S. 150 ff.; W. Windelband: *Beiträge zur Lehre vom negativen Urteil*, Tübingen 1921, S. 168 ff.; H. Rickert: *Der Gegenstand der Erkenntnis. Einführung in die Transzendentalphilosophie*, 6. Aufl., Tübingen 1928, S. 165 ff.

6 Vgl. L. Wittgenstein: *Tagebücher 1914–1916*, in: ders.: *Werkausgabe*, Bd. 1, Frankfurt a. M. 1984, S. 130 und 104.

7 Vgl. E. Tugendhat: *Vorlesungen zur Einführung in die sprachanalytische Philosophie*, a. a. O., S. 66 f.

8 Vgl. U. Tietz: *Ontologie und Dialektik. Heidegger und Adorno über das Sein, das Nichtidentische, die Synthesis und die Kopula*, Wien 2003, S. 25.

9 Vgl. H. Rickert: »Urteil und Urteilen«, in: *Logos. Internationale Zeitschrift für Philosophie und Kultur*, Bd. III (1912), S. 240.

10 Ebd.

11 Zum Verhältnis von Phänomenologie und Sprachanalyse vgl. M. S. Stepanians: *Frege und Husserl über Urteilen und Denken*, Paderborn 1998. Zum Verhältnis von Phänomenologie und Sprachanalyse nach dem linguistic turn und der hermeneutisch-pragmatischen Wende vgl. K. Glüer/G. Keil/U. Tietz (Hg.): *Phä-

nomenologie und Sprachanalyse. Festschrift für Herbert Schnädelbach, Frankfurt a. M. 2005.

12 M. Riedel: »Hermeneutik und Gesprächsdialektik. Gadamers
Auseinandersetzung mit Heidegger«, in: ders.: *Hören auf die
Sprache. Die akromatische Dimension der Hermeneutik*, Frank-
furt a. M. 1990, S. 99 f.

13 Vgl. B. Russell an G. Frege vom 16. Juni 1902, in: G. Frege: *Wissenschaftlicher Briefwechsel*, hg. von G. Gabriel, H. Hermes,
F. Kambartel, C. Thiel und A. Veraart, Hamburg 1976, S. 211 f.

14 G. Frege: *Grundgesetze der Arithmetik*, Darmstadt 1964, S. XXVI.

15 G. Frege: »Über die Begriffsschrift des Herrn Peano und meine
eigene«, in: ders.: *Kleine Schriften*, hg. von I. Angelelli, Hildes-
heim/Zürich/New York 1990, S. 221.

16 E. Lask: *Zum System der Logik*, in: ders.: *Gesammelte Schriften*,
Bd. III, hg. von E. Herrigel, Tübingen 1924, S. 166.

17 E. Lask: *Die Logik der Philosophie und die Kategorienlehre. Eine
Studie über den Herrschaftsbereich der logischen Form*, Tübingen
1911, S. 112.

18 G. Frege: »Über Sinn und Bedeutung«, in: ders.: *Funktion, Begriff, Bedeutung*, hg. von G. Patzig, 7. Aufl., Göttingen 1994, S. 41.

19 Ebd., S. 46.

20 Vgl. F. von Kutschera: *G. Frege. Eine Einführung in sein Werk*,
Berlin/New York 1989, S. 63 f.

21 G. Frege: »Über Sinn und Bedeutung«, a. a. O., S. 48.

22 G. Frege: *Die Grundlagen der Arithmetik. Eine logische Untersuchung über den Begriff der Zahl*, hg. von J. Schulte, Stuttgart 1987,
S. 94. »Man muß [...] immer einen vollständigen Satz ins Auge
fassen. Nur in ihm haben die Wörter eigentlich eine Bedeutung.«
(Ebd., S. 92)

23 Vgl. M. Dummett: *Frege: Philosophy of Language*, London 1973,
S. 192 f.

24 Vgl. U. Tietz: »Heidegger und Wittgenstein über Sinn, Wahrheit
und Sprache«, in: *Allgemeine Zeitschrift für Philosophie*, Heft 1
(2004), S. 20 f. U. Tietz: »Heidegger und Ludwig Wittgenstein.
Diesseits des Pragmatismus – jenseits des Pragmatismus«, in:
Heidegger-Handbuch. Leben-Werk-Wirkung, hrsg. von D. Thomä,
Stuttgart und Weimar 2003, S. 345 ff.

25 Vgl. M. Dummett: *Ursprünge der analytischen Philosophie*, Frankfurt a. M. 1992, S. 47.

26 Vgl. E. Tugendhat: *Vorlesungen zur Einführung in die sprachana-
    lytische Philosophie*, a. a. O., S. 143 ff.

27 L. Wittgenstein: *Tractatus logico-philosophicus*, in: ders.: *Werk-
    ausgabe*, Frankfurt a. M. 1984, Bd. 1, a. a. O., § 2.01.

28 Ebd., § 4.024.

29 E. Husserl: *Ideen zu einer reinen Phänomenologie und phänome-
    nologischen Philosophie, Drittes Buch, Die Phänomenologie und
    die Fundamente der Wissenschaften*, in: Husserliana, Bd. V, hg.
    von W. Biemel, Tübingen 1952, S. 89.

30 G. W. Leibniz: *Fragmente zur Logik*, hg. von F. Schmidt, Berlin
    1960, S. 90 f.

31 »Weg mit den hohlen Wortanalysen. Die Sachen selbst müssen
    wir befragen«, so lautete bereits Husserls Forderung, wobei er
    meinte, daß »Phänomene [...] ein in unmittelbarem Schauen faß-
    bares, und adäquat faßbares *Wesen*« haben und daß »alle Aussa-
    gen, die Phänomene durch direkte Begriffe beschreiben«, dies
    nur durch »Wesensbegriffe« tun könnten, »also durch begriffli-
    che Wortbedeutungen, die sich in Wesensschauung einlösen las-
    sen«. E. Husserl: »Philosophie als strenge Wissenschaft«, in: *Lo-
    gos. Internationale Zeitschrift für Kultur*, Bd. I, Heft 3 (1911),
    S. 305 und 314. Der Rekurs auf ein durch Wesensschau erfaßtes
    Wesen ist jedoch kontraintuitiv. Wenn der phänomenologische
    Schlachtruf »Zu den Sachen selbst« überhaupt einen Sinn haben
    kann, dann sicher nicht den, daß uns sinnliche oder mentale Phä-
    nomene gegeben sind, die erst nach ihrer Gegebenheit konzeptu-
    alisiert würden, sondern allein den, daß der Weg zu den »Sachen
    selbst« über die Sprache führt. Der Rekurs auf die »Sache selbst«
    ohne ihre sprachliche Konzeptualisierung ist keine epistemische
    Möglichkeit!

32 Vgl. U. Tietz: *Ontologie und Dialektik*, a. a. O., S. 54. U. Tietz: »Ur-
    teilen und Verstehen. Zum Verhältnis von prädikativer und her-
    meneutischer Synthesis«, in: *Phänomenologie und Sprachana-
    lyse*, a. a. O., S. 191 ff.

33 M. Seel: »Am Beispiel der Metapher. Zum Verhältnis von buch-
    stäblicher und figürlicher Rede«, in: ders.: *Intentionalität und
    Verstehen*, Frankfurt a. M. 1990, S. 268.

34 Vgl. H. Putnam: *Vernunft, Wahrheit und Geschichte*, Frankfurt
    a. M. 1990, S. 145 f.

1 Vgl. M. Riedel: »Die Urstiftung der hermeneutischen Phänomenologie. Heideggers Auseinandersetzung mit Husserl«, in: ders.: *Hören auf die Sprache*, a.a.O., S. 74 f.

2 Vgl. Th. Kisel: *The Genesis of Heidegger's Being and Time*, Berkeley 1993.

3 P. Wust: *Die Auferstehung der Metaphysik*, Hamburg 1963.

4 E. Tugendhat: »Heideggers Seinsfrage«, in: ders.: *Philosophische Aufsätze*, Frankfurt a.M. 1992, S. 115.

5 W.V.O. Quine: *Von einem logischen Standpunkt*, Frankfurt a.M. 1979, S. 9.

6 Vgl. ebd., S. 99 f.

7 Ebd., S. 19.

8 W. Dilthey: *Einleitung in die Geisteswissenschaften*, in: ders.: *Gesammelte Schriften*, Bd. 1, Stuttgart/Göttingen 1966, S. VVII.

9 Vgl. H.-G. Gadamer: »Der eine Weg Martin Heideggers«, in: ders.: *Gesammelte Werke*, Bd. 3, Tübingen 1987, S. 426.

10 Vgl. C. Lafont: *Sprache und Welterschließung. Zur linguistischen Wende der Hermeneutik Heideggers*, Frankfurt a.M. 1994, S. 70.

11 Vgl. U. Eco: *Semiotik. Entwurf einer Theorie der Zeichen*, München 1987, S. 37 ff.; ders.: *Semiotik und Philosophie der Sprache*, München 1985, S. 39 ff.

12 Vgl. U. Tietz: »Dasein – Mitsein – Sprache: Heideggers Auffassung über das ›Wesen der Sprache‹ in ›Sein und Zeit‹«, in: *Deutsche Zeitschrift für Philosophie,* Heft 12 (1990), S. 1152-1160.

13 C. F. Gethmann: »Heideggers Konzeption des Handelns in *Sein und Zeit*«, in: *Heidegger und die praktische Philosophie*, hg. von A. Gethmann-Siefert und O. Pöggeler, Frankfurt a.M. 1988, S. 147.

14 In seinen Beispielen sieht dies auch Heidegger so. Bei einem Spaziergang im Wald werde ich eher erwarten, daß mir ein Reh begegnet als ein Alien. Dabei kann ich mich dann immer noch täuschen, indem ich einen Strauch für ein Reh halte. Was ich da aber sehe, wenn ich etwas sehe, ist immer auch abhängig von den Erwartungen, die sich mit dem Kontext verbinden, in dem ich mich befinde. (GA 21, 187). Vgl. dazu J.R. Searle: *Intentionalität. Eine Abhandlung zur Philosophie des Geistes*, Frankfurt a.M. 1987, S. 78 f.

15 Vgl. W. Künne: »Sehen. Eine sprachanalytische Betrachtung«, in: *Logos. Zeitschrift für systematische Philosophie (Neue Folge)*, Bd. 2, Heft 2 (1995), S. 103–121. Hier liegt auch der Grund, warum man nicht wahrnehmen kann, daß p, ohne die Überzeugung zu haben, daß p. Denn »*vermeintlich* etwas zu erfassen kann ich nur, wenn ich als Erfassender überhaupt *meine*« (GA 24, 84 f.).

16 R. Brandom: *Expressive Vernunft. Begründung, Repräsentation und diskursive Festlegung*, Frankfurt a.M. 2000, S. 861 f.; J. McDowell: *Geist und Welt*, Frankfurt a.M. 2001, S. 33.

17 Vgl. H. Schnädelbach: »›... daß p‹. Über Intentionalität und Sprache«, in: *Allgemeine Zeitschrift für Philosophie*, Heft 22.3 (1997), S. 223–244.

18 L. Wittgenstein: *Philosophische Untersuchungen*, in: ders.: *Werkausgabe*, a.a.O., § 241.

19 Auch Husserl spricht vom vorprädikativen Charakter der Lebenswelt, wenngleich er auch sagt, daß das, was uns lebensweltlich in »passiver Synthesis« gegenübertritt, »als mit Prädikaten menschlicher Bedeutsamkeit immer schon ausgestattet« sei – ein Gedanke, der jedoch nicht fruchtbar werden kann, weil er im Sinne der Synthesistheorie interpretiert wird. E. Husserl: *Cartesianische Meditationen*, in: *Husserliana* Bd. I, hg. von S. Strasser, Den Haag 1950, § 58.

20 G. Prauss: *Erkennen und Handeln in Heideggers »Sein und Zeit«*, Freiburg/München 1977, S. 32.

21 I. Kant: *Kritik der reinen Vernunft*, hg. von R. Schmidt, Leipzig 1979, A 100.

22 Ebd., A 99.

23 I. Kant: *Kritik der reinen Vernunft*, a.a.O., B 142. Nach Kant ist ja ein »Urteil nichts anderes [...], als gegebene Erkenntnisse zur objektiven Einheit der Apperzeption zu bringen«, die quasi als eine Synthesis zweiter Potenz die Vermittlung leistet, die »objektiv *gültig* ist«. (Ebd.).

24 Ebd., B 134.

25 E. Tugendhat: »Heideggers Seinsfrage«, a.a.O., S. 116 f.

26 Vgl. J. Derrida: *Die Stimme und das Phänomen. Ein Essay über das Problem des Zeichens in der Philosophie Husserls*, Frankfurt a.M. 1979.

27 Vgl. E. Husserl: *Logische Untersuchungen*, Bd. II/1, in: *Husserli-*

ana, Bd. XIX/1, hg. von U. Panzer, Den Haag/Boston/Lancaster 1984, §§ 5–10.

28 Vgl. G. Prauss: »Heidegger und die Praktische Philosophie«, in: *Heidegger und die praktische Philosophie*, a. a. O., S. 178.

29 C. F. Gethmann: »Heideggers Konzeption des Handelns in *Sein und Zeit*«, a. a. O., S. 143 f.

30 Th. W. Adorno: *Metakritik der Erkenntnistheorie. Studien über Husserl und die phänomenologischen Antinomien*, Frankfurt a. M. 1972, S. 90.

31 E. Tugendhat: *Vorlesungen zur Einführung in die sprachanalytische Philosophie*, a. a. O., S. 56.

32 Vgl. K.-O. Apel: »Heidegger und Wittgenstein«, in: *Heidegger. Perspektiven zur Deutung seines Werkes*, hg. von O. Pöggeler, Königstein i. Ts. 1984, S. 368 und 372.

33 Vgl. C. F. Gethmann: *Verstehen und Auslegung. Das Methodenproblem in der Philosophie M. Heideggers*, Bonn 1974.

34 Vgl. E. Husserl: *Cartesianische Meditationen und Pariser Vorträge*, a. a. O., § 49.

35 Vgl. A. Schütz: »Das Problem der transzendentalen Intersubjektivität bei Husserl«, in: *Philosophische Rundschau*, 5. Jg. (1957), S. 100.

36 Vgl. E. Husserl: *Logische Untersuchungen*, Bd. II/1, a. a. O., S. 39 f.

37 Vgl. E. Husserl: *Die Krisis der europäischen Wissenschaften und die transzendentale Phänomenologie*, in: *Husserliana*, Bd. VI, hg. von W. Biemel, Den Haag 1976, S. 188. Der von Husserl ins Auge gefaßte Rollentausch von Ego und Alter ego kann zwar für eine gewisse Symmetrie sorgen. Letztlich aber verweist jede Appräsenz auf die eigene Urpräsenz. Damit bleibt Husserls Versuch, Intersubjektivität von einem präintersubjektiven »Ur-Ich« aus zu konstruieren, das aller Wechselverständigung vorausliegt, einer einseitigen Perspektive verhaftet. Vgl. B. Waldenfels: »Der Sinn zwischen den Zeilen«, in: ders: *Der Spielraum des Verhaltens*, Frankfurt a. M. 1980, S. 166 ff.

38 M. Theunissen: *Der Andere. Studien zur Sozialontologie der Gegenwart*, Berlin/New York 1977, S. 161.

39 Ebd., S. 178 f.

40 Th. W. Adorno: *Jargon der Eigentlichkeit. Zur deutschen Ideologie*, Frankfurt a. M. 1980, S. 64.

41 E. Tugendhat: *Der Wahrheitsbegriff bei Husserl und Heidegger*, Berlin 1967, S. 229.

42 J. Habermas: *Nachmetaphysisches Denken*, Frankfurt a. M. 1988, S. 207 f.

43 Vgl. E. Tugendhat: *Selbstbewußtsein und Selbstbestimmung. Sprachanalytische Interpretationen*, Frankfurt a. M. 1979, S. 194 f.

44 G. W. F. Hegel: *Phänomenologie des Geistes*, Hamburg 1952, S. 175.

45 K.-O. Apel: »Ist der Tod eine Bedingung der Möglichkeit von Bedeutung?«, in: *Vernünftiges Denken. Studien zur praktischen Philosophie und Wissenschaftstheorie*, hg. von J. Mittelstraß und M. Riedel, Berlin/New York 1978, S. 408.

46 Ebd., S. 413. Apel meint, daß das »Sein zum Tod« »eine notwendige Voraussetzung der Konstitution aller für uns verstehbaren Bedeutungen [ist] – auch z. B. der Verstehbarkeit von ›ist‹ und ›ist nicht‹, ungeachtet der Explikation der Kopula ›ist‹ und des Junktors ›nicht‹ in der zur formalen Logik gehörigen Semantik« (ebd.).

47 Vgl. H. Ott: »M. Heidegger und der Nationalsozialismus«, in: *Heidegger und die praktische Philosophie*, a. a. O., S. 64 ff.

48 Vgl. K.-O. Apel: »Ist der Tod eine Bedingung der Möglichkeit von Bedeutung?«, a. a. O., S. 416.

49 Ebd., S. 413.

50 Vgl. R. Brandom: *Expressive Vernunft*, a. a. O., S. 84.

51 K. Löwith: *Das Individuum in der Rolle des Mitmenschen*, in: ders.: *Mensch und Menschenwelt. Beiträge zur Anthropologie. Sämtliche Schriften*, Bd. 1, hg. von M. B. de Launay, Stuttgart 1981, S. 7–197.

52 Vgl. D. Sternberg: »Der verstandene Tod. Eine Untersuchung zu M. Heideggers Existenzial-Ontologie«, in: ders.: *Über den Tod*, Frankfurt a. M. 1981, S. 133.

53 K. Löwith: »M. Heidegger und F. Rosenzweig. Ein Nachtrag zu *Sein und Zeit*«, in: ders.: *Heidegger – Denker in dürftiger Zeit. Zur Stellung der Philosophie im 20. Jahrhundert. Sämtliche Schriften*, hg. von M. B. de Launay, Stuttgart 1984, S. 81.

54 L. Wittgenstein: *Philosophische Untersuchungen*, a. a. O., § 202.

55 Nach Humpty Dumpty gilt: »Wenn *ich* ein Wort verwende, [...] bedeutet es genau das, was ich will – nicht mehr und nicht weniger.« (L. Carroll: *Alice im Spiegelland*, Berlin 1987, Kap. VI) Eine solche »Humpty-Dumpty-Auffassung« vertrat auch Husserl, inso-

fern »ein Wort oder Ausdruck durch einen Bedeutung gebenden Bewußtseinsakt von seiten des Sprechers mit Bedeutung erfüllt wird«. (M. Dummett: *Ursprünge der analytischen Philosophie*, a. a. O., S. 45 und 85)

56 E. Tugendhat: *Der Wahrheitsbegriff bei Husserl und Heidegger*, a. a. O., S. 273.

57 Vgl. H. Ebeling: *Freiheit, Gleichheit, Sterblichkeit. Philosophie nach Heidegger*, Stuttgart 1982, S. 30.

58 Vgl. Th. W. Adorno: *Jargon der Eigentlichkeit*, a. a. O., S. 38.

59 Vgl. W. Bröcker: »Heidegger und die Logik«, in: *Heidegger. Perspektiven zur Deutung seines Werkes*, a. a. O., S. 303.

60 L. Wittgenstein: *Philosophische Untersuchungen*, a. a. O., § 257.

61 Aristoteles: *Metaphysik*, hg. von F. F. Schwarz, Stuttgart 1978, S. 107 f.

62 I. Kant: *Kritik der reinen Vernunft*, A 58.

63 Ebd., B 141 f.

64 Heidegger bestreitet nicht die Relevanz der erkenntnistheoretischen Fragestellung. Er will lediglich zeigen, daß diese Fragestellung für das gestellte Problem zu eng ist. »Formal ist die Rede vom Ich als Bewußtsein *von* etwas, das sich zugleich seiner *selbst* bewußt ist, unantastbar, und die Charakteristik des res cogitans als cogito me cogitare, als Selbstbewußtsein, im Recht. Aber diese formalen Bestimmungen, die das Gerüst für die Bewußtseinsdialektik des Idealismus angeben, sind doch weit entfernt von einer Interpretation der phänomenalen Tatbestände des Daseins, d. h. von dem, *wie* sich dieses Seiende ihm selbst in seiner faktischen Existenz zeigt, wenn man das Dasein nicht mit vorgefaßten Ich- und Subjektbegriffen der Erkenntnistheorie vergewaltigt.« (GA 24, 225 f.)

65 Vgl. E. Cassirer: »Kant und das Problem der Metaphysik. Bemerkungen zu M. Heideggers Kant-Interpretation«, in: *Kant-Studien* XXXVI/1, Berlin 1931. Vgl. dazu T. Cassirer: *Aus meinem Leben mit Ernst Cassirer*, New York 1950; O. F. Bollnow: »Gespräche in Davos«, in: *Erinnerungen an M. Heidegger*, hg. von G. Neske, Pfullingen 1977.

66 I. Kant: *Kritik der reinen Vernunft*, Vorrede zur zweiten Auflage, a. a. O., B XXXIX.

67 In diesem Sinn kann Heidegger sagen: »Die Satzwahrheit ist in einer *ursprünglicheren* Wahrheit (Unverborgenheit), in der vor-

prädikativen Offenbarkeit *von Seiendem* gewurzelt, die *ontische Wahrheit* genannt wird«, wobei die ontische Wahrheit in der ontologischen Wahrheit fundiert ist. (GA 9, 130)

68 E. Husserl: *Logische Untersuchungen*, Bd. II/2, in: *Husserliana*, Bd. XIX/2, hg. von U. Panzer, Den Haag/Boston/Lancaster 1984, S. 651 f.

69 H. Albert: *Traktat über kritische Vernunft*, Tübingen 1969, S. 14.

70 E. Tugendhat: *Der Wahrheitsbegriff bei Husserl und Heidegger*, a. a. O., S. 350 und 364.

71 E. Tugendhat: »Heideggers Idee von Wahrheit«, in: *Heidegger. Perspektiven zur Deutung seines Werkes*, a. a. O., S. 293.

72 C. F. Gethmann: »Heideggers Wahrheitskonzeption in seinen Marburger Vorlesungen. Zur Vorgeschichte von Sein und Zeit (§ 44)«, in: *M. Heidegger: Innen- und Außenansichten*, hg. vom Forum für Philosophie Bad Homburg, Frankfurt a. M. 1989, S. 112.

73 Ebd., S. 112 ff.

74 Vgl. dazu C. Lafont: *Sprache und Welterschließung*, a. a. O., S. 223.

75 Vgl. O. Pöggeler: *Der Denkweg Martin Heideggers*, Pfullingen 1963, S. 208 f.

76 Vgl. dazu D. Thomä: *Die Zeit des Selbst und die Zeit danach. Zur Kritik der Textgeschichte M. Heideggers 1910–1976*, Frankfurt a. M. 1990, S. 659 ff.

77 Vgl. C. Lafont: *Sprache und Welterschließung*, a. a. O., S. 224 f.

78 Vgl. ebd., S. 229 f.

79 R. Rorty: »Wittgenstein, Heidegger und die Hypostasierung der Sprache«, in: ders.: »*Der Löwe spricht ... und wir können ihn nicht verstehen*«, Frankfurt a. M. 1991, S. 91. Vgl. U. Tietz: *Sprache und Verstehen in analytischer und hermeneutischer Sicht*, Berlin 1995, Kap. V.

80 E. Husserl: *Die Krisis der europäischen Wissenschaft*, a. a. O., S. 185.

81 E. Tugendhat: *Selbstbewußtsein und Selbstbestimmung*, a. a. O., S. 165.

1 W.J. Richardson: *Heidegger, Through Phenomenology to Thought*, Den Haag 1963, S. XIX.

2 Vgl. H. Arendt: *Vom Leben des Geistes*, Bd. 2, München/Zürich 1979, S. 164 f.

3 J. Habermas: *Der philosophische Diskurs der Moderne. Zwölf Vorlesungen*, 2. Aufl., Frankfurt a. M. 1985, S. 184.

4 Ebd., S. 185.

5 W. Schulz: »Über den philosophiegeschichtlichen Ort Martin Heideggers«, in: *Heidegger. Perspektiven zur Deutung seines Werkes*, a. a. O., S. 107.

6 Vgl. H.-G. Gadamer: »Die Sprache der Metaphysik«, in: ders.: *Gesammelte Werke*, Bd. 3, a. a. O., S. 229 ff.

7 Vgl. D. Thomä: *Die Zeit des Selbst und die Zeit danach*, a. a. O., S. 663.

8 L. Wittgenstein: Tractatus logico-philosophicus a. a. O., § 217.

9 Vgl. U. Tietz: »Heidegger und Wittgenstein über Sinn, Wahrheit und Sprache«, a. a. O., S. 37 f. U. Tietz: »Heidegger und Ludwig Wittgenstein«, a. a. O., S. 350 f.

10 L. Wittgenstein: *Tractatus logico-philosophicus*, a. a. O., § 6.45.

11 U. Tietz: »German Existence-Philosophy«, in: *A Companion to Phenomenology and Existentialism*, hrsg. von H. L. Dreyfus und M. A. Wrathall, Blackwell 2006, S. 162–188.

12 Vgl. M. Heidegger / E. Blochmann: *Briefwechsel 1918-1968*, hg. von J. Storck, Marbach 1989, S. 87.

13 F.-W. von Hermann: *Heideggers Philosophie der Kunst. Eine systematische Interpretation der Holzweg-Abhandlung ›Der Ursprung des Kunstwerkes‹*, Frankfurt a. M. 1980, S. XIX.

14 J. W. Goethe: *Farbenlehre. Historischer Teil*, in: ders., *Werke*, Bd. XIV, Hamburg 1960, S. 41.

15 Vgl. U. Tietz: »Das Sichtbare und das Unsichtbare. Ein Versuch über das Apriori«, in: St. Dietzsch / U. Tietz: *Transzendentalphilosophie und die Kultur der Gegenwart. Festschrift für Wilfried Lehrke*, Leipzig 2012, S. 49 ff.

16 H.-G. Gadamer: »Zur Einführung«, in: Martin Heidegger: *Der Ursprung des Kunstwerkes*, Stuttgart 1986, S. 108.

Kommentierte Bibliographie

1. Primärliteratur: Siglen

GA 1 *Frühe Schriften*, Gesamtausgabe, Bd. 1, hg. von F.-W. von Herrmann, Frankfurt a. M. 1978.

GA 3 *Kant und das Problem der Metaphysik*, Gesamtausgabe, Bd. 3, hg. von F.-W. von Herrmann, Frankfurt a. M. 1991.

GA 4 *Erläuterungen zu Hölderlins Dichtung*, Gesamtausgabe, Bd. 4, hg. von F.-W. von Herrmann, Frankfurt a. M. 1981.

GA 5 *Holzwege*, Gesamtausgabe, Bd. 5, hg. von F.-W. von Herrmann, Frankfurt a. M. 1977.

GA 6.1/6.2 *Nietzsche*, Gesamtausgabe, Bd. 6.1 und 6.2, hg. von B. Schillbach, Frankfurt a. M. 1996 und 1997.

GA 7 *Vorträge und Aufsätze*, Gesamtausgabe, Bd. 7, hg. von F.-W. von Herrmann, Frankfurt a. M. 2000.

GA 9 *Wegmarken*, Gesamtausgabe, Bd. 9, hg. von F.-W. von Herrmann, Frankfurt a. M. 1976.

GA 12 *Unterwegs zur Sprache*, Gesamtausgabe, Bd. 12, hg. von F. W. von Herrmann, Frankfurt a. M. 1985.

GA 19 *Platon: Sophistes*, Gesamtausgabe, Bd. 19, hg. von I. Schüßler, Frankfurt a. M. 1992.

GA 20 *Prolegomena zu einer Geschichte des Zeitbegriffs*, Gesamtausgabe, Bd. 20, hg. von P. Jaeger, Frankfurt a. M. 1988.

GA 21 *Logik. Die Frage nach der Wahrheit*, Gesamtausgabe, Bd. 21, hg. von W. Biemel, Frankfurt a. M. 1995.

GA 24 *Grundprobleme der Phänomenologie*, Gesamtausgabe, Bd. 24, hg. von F.-W. von Herrmann, Frankfurt a. M. 1989.

GA 25 *Phänomenologische Interpretation von Kants Kritik der reinen Vernunft*, Gesamtausgabe, Bd. 25, hg. von J. Görland, Frankfurt a. M. 1987.

GA 26 *Metaphysische Anfangsgründe der Logik im Ausgang von Leibniz*, Gesamtausgabe, Bd. 26, hg. von K. Held, Frankfurt a. M. 1990.

GA 39 *Hölderlins Hymnen »Germanien« und »Der Rhein«*, Gesamtausgabe, Bd. 39, hg. von S. Ziegler, Frankfurt a. M. 1980.

GA 40 *Einführung in die Metaphysik*, Gesamtausgabe, Bd. 40, hg. von P. Jaeger, Frankfurt a. M. 1983.

GA 41 *Die Frage nach dem Ding. Zu Kants Lehre von den transzendentalen Grundsätzen*, Gesamtausgabe, Bd. 41, hg. von P. Jaeger, Frankfurt a. M. 1984.

GA 45 *Grundfragen der Philosophie. Ausgewählte »Probleme« der »Logik«*, Gesamtausgabe, Bd. 45, hg. von F.-W. von Hermann, Frankfurt a. M. 1984.

GA 49 *Die Metaphysik des deutschen Idealismus*, Gesamtausgabe, Bd. 49, hg. von G. Seubold, Frankfurt a. M. 1991.

GA 53 *Hölderlins Hymne »Der Ister«*, Gesamtausgabe, Bd. 53, hg. von W. Biemel, Frankfurt a. M. 1993.

GA 56/57 *Zur Bestimmung der Philosophie*, Gesamtausgabe, Bd. 56/57, hg. von B. Heimbüchel, Frankfurt a. M. 1987.

GA 61 *Phänomenologische Interpretation zu Aristoteles. Einführung in die phänomenologische Forschung (1921/22)*, Gesamtausgabe, Bd. 61, hg. von W. Bröcker und K. Bröcker-Oltmanns, Frankfurt a. M. 1985.

GA 65 *Beiträge zur Philosophie (Vom Ereignis)*, Gesamtausgabe, Bd. 65, hg. von F.-W. von Herrmann, Frankfurt a. M. 1989.

SD *Zur Sache des Denkens*, Tübingen 1988.

SZ *Sein und Zeit*, 15. Aufl., Tübingen 1979.

2. Textausgaben

M. Heidegger: *Gesamtausgabe,* Frankfurt a. M. 1976 ff. – die maßgebliche Textausgabe; für die Forschung unentbehrlich; teilweise auch in Einzelbänden erhältlich.

– *Sein und Zeit*, 18. Aufl., Tübingen 2001 – preiswerte Studienausgabe.

– *Zur Sache des Denkens*, Tübingen 1969.

– *Identität und Differenz*, Pfullingen 1957.

Beim Niemeyer Verlag und beim Neske Verlag ist eine Reihe von preiswerten Einzelausgaben erhältlich.

3. Hilfsmittel

H. Feick/S. Ziegler: *Index zu Heideggers »Sein und Zeit«*, 4. Aufl., Tübingen 1991 – unentbehrlich für die Forschung.

D. Thomä (Hg.): *Heidegger-Handbuch: Leben – Werk – Wirkung*, Stuttgart/Weimar 2003 – ein wirkliches Hilfsmittel, das dem Leser Heideggers Werk historisch und systematisch erschließt.

4. Biographien

W. Biemel: *Martin Heidegger*, 13. Aufl., Reinbek 1996 – lange Zeit die Standardbiographie, die jedoch durch die veränderte Quellenlage inzwischen nicht mehr in allen Punkten dem neuesten Forschungsstand entspricht.

R. Safranski: *Ein Meister aus Deutschland. Heidegger und seine Zeit*, München/Wien 1994 – eine spannend geschriebene und gut zu lesende Biographie, die gleichzeitig in das Werk einführt.

5. Einführungen

P. Cardorff: *Martin Heidegger*, Frankfurt a. M./New York 1991.

G. Figal: *Heidegger zur Einführung*, Hamburg 1992 – eine gut lesbare Einführung, die auch für den interessierten Laien geeignet ist.

W. Franzen: *Martin Heidegger*, Stuttgart 1976.

B.-Ch. Han: *Martin Heidegger. Eine Einführung*, München 1999.

K. Löwith: *Heidegger. Denker in dürftiger Zeit. Sämtliche Schriften*, Bd. 8, Stuttgart 1984 – selbst ein Klassiker, der Heideggers Denken vor dem Hintergrund der Denkerfahrungen des späten 19. und frühen 20. Jahrhunderts entfaltet. Lesenswert!

G. Steiner: *Martin Heidegger. Eine Einführung*, München/Wien 1989.

6. Gesamtdarstellungen

F. Franzen: *Von der Existenzphilosophie zur Seinsgeschichte. Eine Untersuchung über die Entwicklung der Philosophie Martin Heideggers*, Meisenheim am Glan 1975.

O. Pöggeler: *Der Denkweg Martin Heideggers*, Pfullingen 1953 – konzentriert sich auf die Grundprobleme des Denkwegs Heideggers. Sehr zu empfehlen!

7. Zu einzelnen Werken

H. Dreyfus: *Being-in-the-World. A Commentary on Heidegger's Being and Time, Division I,* Cambridge, Mass./London 1991 – ein Kommentar für den systematisch interessierten Leser, der jedoch Grundkenntnisse in der theoretischen Philosophie voraussetzt.

F.-W. von Herrmann: *Wege ins Ereignis. Zu Heideggers »Beiträgen zur Philosophie«,* Frankfurt a. M. 1994 – eine sehr immanent vorgehende und stark an Heideggers eigenem Denken orientierte Deutung der »Beiträge«.

A. Luckner: *Martin Heidegger: »Sein und Zeit«. Ein einführender Kommentar,* Paderborn 1997.

Th. Rentsch: *Martin Heidegger. Sein und Zeit,* Berlin 2001 – enthält einige interessante Einzelkommentare.

8. Wichtige Texte und Standardwerke

K.-O. Apel: »Heidegger und Wittgenstein«, in: *Heidegger. Perspektiven zur Deutung seines Werkes,* hg. von O. Pöggeler, Königstein i. Ts. 1984, S. 27–68.

O. F. Bollnow: »Gespräche in Davos«, in: *Erinnerungen an M. Heidegger,* hg. von G. Neske, Pfullingen 1977.

V. Farias: *Heidegger und der Nationalsozialismus,* Frankfurt a. M. 1987.

G. Figal: *Martin Heidegger. Phänomenologie der Freiheit,* Frankfurt a. M. 1988.

C. F. Gethmann: *Verstehen und Auslegung. Das Methodenproblem in der Philosophie M. Heideggers,* Bonn 1974. Sehr zu empfehlen!

A. Gethmann-Siefert/O. Pöggeler (Hg.): *Heidegger und die praktische Philosophie,* Frankfurt a. M. 1988.

A. Graeser: *Philosophie in Sein und Zeit. Kritische Erwägungen zu Heidegger,* Sankt Augustin 1994.

C. Lafont: *Sprache und Welterschließung. Zur linguistischen Wende der Hermeneutik Heideggers,* Frankfurt a. M. 1994.

R. Mehring: *Heideggers Überlieferungsgeschick. Eine dionysische Selbstinszenierung,* Würzburg 1992.

H. Mörchen: *Adorno und Heidegger. Untersuchung einer philosophischen Kommunikationsverweigerung,* Stuttgart 1981.

H. Ott: »M. Heidegger und der Nationalsozialismus«, in: *Heidegger und die praktische Philosophie*, a. a. O., S. 64–77.

O. Pöggeler (Hg.): *Heidegger. Perspektiven zur Deutung seines Werkes*, 2. Aufl., Königstein i. Ts. 1984.

G. Prauss: *Erkennen und Handeln in Heideggers »Sein und Zeit«*, Freiburg/München 1977. Sehr zu empfehlen!

M. Riedel: »Die Urstiftung der hermeneutischen Phänomenologie. Heideggers Auseinandersetzung mit Husserl«, in: *Hören auf die Sprache. Die akromatische Dimension der Hermeneutik*, Frankfurt a. M. 1990, S. 70–95; ders., »Hermeneutik und Gesprächsdialektik. Gadamers Auseinandersetzung mit Heidegger«, ebd., S. 96–130.

W. Schulz: »Über den philosophiegeschichtlichen Ort Martin Heideggers«, in: *Heidegger. Perspektiven zur Deutung seines Werkes*, a. a. O., S. 95–139.

D. Sternberger: *Der verstandene Tod. Eine Untersuchung zu Martin Heideggers Existenzial-Ontologie*, Frankfurt a. M. 1977.

M. Theunissen: *Der Andere. Studien zur Sozialontologie der Gegenwart*, Berlin/New York 1977.

U. Tietz: *Ontologie und Dialektik. Heidegger und Adorno über das Sein, das Nichtidentische, die Synthesis und die Kopula*, Wien 2003.

Ders., »German Existence-Philosophy«, in: *A Companion to Phenomenology and Existentialism*, hg. von H. L. Dreyfus und M. A. Wrathall, Blackwell 2006, S. 162–188.

E. Tugendhat: *Der Wahrheitsbegriff bei Husserl und Heidegger*, Berlin 1967. Ein Klassiker, sehr zu empfehlen!

Ders., »Die Seinsfrage und ihre sprachliche Grundlage«, in: ders.: *Philosophische Aufsätze*, Frankfurt a. M. 1992, S. 90–107; ders., »Heideggers Seinsfrage«, ebd., S. 90–107.

Schlüsselbegriffe

Appräsenz Ein von Husserl verwendeter Terminus zur Kennzeichnung der Wahrnehmungsstruktur. A. bedeutet, daß mit jeder Wahrnehmung horizonthafte Verweisungen über das gegenwärtig Präsente hinaus einhergehen.

Dasein (ursprüngliche Übersetzung für lat. *existentia*): Wirklichkeit eines Seienden in Abgrenzung zu seiner Möglichkeit. Heidegger bestimmt den Menschen als Dasein, in dem die Erschlossenheit des Seins begründet liegt. Das Verstehen der eigenen Seinsmöglichkeiten muß daher beim D. ansetzen und kann nicht aus einem vorgängigen Wesensbegriff abgeleitet werden.

Existenz Das Sein, das ich als Dasein selbst bin und zu dem sich dieses so oder so als zu seinem eigenen verhalten kann und immer schon verhält. (SZ § 4)

Existenzialien Seinsbestimmungen des menschlichen Daseins – im Unterschied zu den Kategorien, die das nicht daseinsmäßige Sein betreffen.

Eigentlichkeit/Uneigentlichkeit Seinsmodi des Daseins. Insofern dieses je seine Möglichkeit ist, kann es sich in seinem Sein selbst wählen. Durch diese Freiheit der Wahl steht das Dasein immer vor der Alternative von E. und U.

Faktizität Die besondere Art und Weise der menschlichen Existenz.

Fundamentalontologie Alles Seinsverständnis gründet nach Heidegger in der Seinserschlossenheit des menschlichen Daseins, weshalb alle regionalen Ontologien in der Analytik des Daseins gründen, die somit F. ist.

Hermeneutik Ursprünglich die Kunst der Interpretation von Texten und von sprachlichen Sinngebilden. Als Verstehenslehre beginnt die

Karriere der H. als Methode der Geisteswissenschaften. Bei Heidegger wird die H. zur »Hermeneutik der Faktizität«, insofern das Verstehen nicht mehr nur eine Erkenntnisweise der Geisteswissenschaften ist, sondern eine Seinsbestimmung des Menschen. Bei Heidegger hat das Dasein als solches den Charakter des »Verstehendseins«.

Intentionalität Von Brentano eingeführter Begriff zur Charakterisierung psychischer Phänomene. Husserl griff auf diesen Begriff zurück, um mit ihm die intentionale Struktur des Bewußtseins zu erläutern, das sich auf einen intentionalen Gegenstand bezieht. Danach ist Bewußtsein immer Bewußtsein von etwas.

Intersubjektivität Im Umfeld der Husserlschen Phänomenologie bezeichnet der Begriff die durch wechselseitige Appräsentation gewonnene Gleichzeitigkeit einer transzendental vergemeinschafteten Wir-Welt.

Kopula In der traditionellen Logik jene sprachliche Partikel, die das Subjekt mit dem Prädikat zu einem Urteil verbindet.

Lebenswelt In der Spätphilosophie von Husserl eingeführter Begriff zur Bezeichnung eines Gesamthorizonts sinnstiftender Subjekte, der der Welt als der Gesamtheit der Tatsachen und Sachverhalte gegenübersteht. Sie stellt die gemeinsamen Hintergrundüberzeugungen für das dar, was als eine gemeinsame Welt der objektiven Tatsachen überhaupt beschreibbar ist.

Logos (griech. *legein*, sammeln, auflesen) Der Logos-Begriff hat eine weite Bedeutung. Er bezieht sich auf das Wort, die Rede, die Aussage und auf die Vernunft.

Metaphysik (griech. *méta tà physiká*, das nach der Physik) Ursprüngliche Bezeichnung der »Ersten Philosophie« des Aristoteles, die nach den Prinzipien des Seienden als solches fragt, weshalb sie immer in einer engen Beziehung zur Ontologie stand.

Mitsein Konstitutiver Zug des In-der-Welt-Seins. Das Dasein ist dadurch charakterisiert, daß es im Unterschied zum isoliert angesetzten Selbstbewußtsein der Moderne immer schon in einem Verhältnis zu einem anderen Dasein steht, weshalb die Welt nach Heidegger immer schon Mitwelt ist.

Ontologie (griech. *on*: Seiendes; *logos*: Lehre) Seinslehre oder auch Lehre vom Seienden. Ursprünglich Bezeichnung für den aristotelischen Titel »Erste Philosophie«, insofern diese mit den ersten »Prinzipien und Ursachen des Seienden« (Aristoteles: *Metaphysik*, E1, 1025b) zu tun hat. Die sog. »Neue Ontologie« knüpft hier an, um Neukantianismus und Positivismus ein an den »Sachen selbst« orientiertes Denken gegenüberzustellen, ohne sich jedoch von den Voraussetzungen der Bewußtseinsphilosophie lösen zu können.

Phänomen Bei Platon noch das sinnlich Gegebene, das sich aufgrund seines Scheincharakters vom wahren Sein unterscheidet, wird dieser Begriff in der Phänomenologie zum Grundbegriff für das von einem transzendentalen Subjekt Konstituierte. Bei Heidegger bezeichnet der Begriff »das Sich-an-ihm-selbst-zeigen(de)«, das als eine »ausgezeichnete Begegnisart von etwas« vorgestellt wird (SZ 31), dem gegenüber Schein und Erscheinung sekundär sind.

Synthesis (griech. *syntíthemi*: zusammensetzen, -legen, -stellen) Schaffung einer Verknüpfung. Nach Kant die Grundfunktion des Denkens, nach Heidegger eine Grundfunktion des Daseins.

Urteil Bezeichnung für das, was durch einen Satz ausgedrückt wird.

Urteilslehre Neben der Lehre vom Begriff und vom Schluß der dritte Bestandteil der traditionellen Logik, die sich, direkt oder indirekt, bis ins 19. und 20. Jahrhundert an der Schrift *De Interpretatione* (Kap. 4) von Aristoteles orientierte.

transzendental Bei Kant die Untersuchung unserer Erkenntnisart von Gegenständen (nicht die der Gegenstände selbst), ihrer Möglichkeiten und Grenzen. In diesem Sinne ist die kritische Philosophie »Transzendentalphilosophie«.

Zeittafel

1889	Martin Heidegger wird am 26. September in Meßkirch geboren.
1903–1909	Besuch des Gymnasiums in Konstanz und Freiburg im Breisgau.
1909/10	Heidegger nimmt sein Studium an der Theologischen Fakultät der Universität Freiburg auf.
1911–1913	Studium der Philosophie.
1913	Promotion mit der Arbeit *Zur Lehre vom Urteil im Psychologismus.*
1915	Habilitation mit der Arbeit *Die Kategorien- und Bedeutungslehre des Duns Scotus.*
1915	Militärdienst, Lehrtätigkeit in Freiburg.
1917	Heirat mit Elfriede Petri.
1919	Assistent bei Husserl.
1923	Berufung nach Marburg.
1927	*Sein und Zeit* erscheint.
1928	Berufung nach Freiburg.
1933	Heidegger wird zum Rektor der Freiburger Albert-Ludwig-Universität gewählt.
1934	Heidegger legt dieses Amt nieder.
1946	Lehrverbot durch die französische Militäradministration.
1976	Am 26. Mai stirbt Martin Heidegger.